Titles b

Francis B. Nyamnjoh
Stories from Abakwa
Mind Searching
The Disillusioned African
The Convert
Souls Forgotten
Married But Available
Intimate Strangers

Dibussi Tande
No Turning Back: Poems of Freedom 1990-1993
Scribbles from the Den: Essays on Politics and Collective
Memory in Cameroon

Kangsen Feka Wakai
Fragmented Melodies

Ntemfac Ofege
Namondo: Child of the Water Spirits
Hot Water for the Famous Seven

Emmanuel Fru Doh
Not Yet Damascus
The Fire Within
Africa's Political Wastelands: The Bastardization of
Cameroon
Oriki'badan
Wading the Tide
Stereotyping Africa: Surprising Answers to Surprising
Questions

Thomas Jing
Tale of an African Woman

Peter Wuteh Vakunta
Grassfields Stories from Cameroon
Green Rape: Poetry for the Environment
Majunga Tok: Poems in Pidgin English
Cry, My Beloved Africa
No Love Lost
Straddling The Mungo: A Book of Poems in English &
French

Ba'bila Mutia
Coils of Mortal Flesh

Kehbuma Langmia
Titabet and the Takumbeng
An Evil Meal of Evil

Victor Elame Musinga
The Barn
The Tragedy of Mr. No Balance

Ngessimo Mathe Mutaka
Building Capacity: Using TEFL and African Languages as
Development-oriented Literacy Tools

Milton Krieger
Cameroon's Social Democratic Front: Its History and
Prospects as an Opposition Political Party, 1990-2011

Sammy Oke Akombi
The Raped Amulet
The Woman Who Ate Python
Beware the Drives: Book of Verse
The Wages of Corruption

Susan Nkwentie Nde
Precipice
Second Engagement

**Francis B. Nyamnjoh &
Richard Fonteh Akum**
The Cameroon GCE Crisis: A Test of Anglophone
Solidarity

Joyce Ashuntantang & Dibussi Tande
Their Champagne Party Will End! Poems in Honor of
Bate Besong

Emmanuel Achu
Disturbing the Peace

Rosemary Ekosso
The House of Falling Women

Peterkins Manyong
God the Politician

George Ngwane
The Power in the Writer: Collected Essays on Culture,
Democracy & Development in Africa

John Percival
The 1961 Cameroon Plebiscite: Choice or Betrayal

Albert Azeyeh
Réussite scolaire, faillite sociale : généalogie mentale de
la crise de l'Afrique noire francophone

Aloysius Ajab Amin & Jean-Luc Dubois
Croissance et développement au Cameroun :
d'une croissance équilibrée à un développement équitable

Carlson Anyangwe
Imperialistic Politics in Cameroun:
Resistance & the Inception of the Restoration of the
Statehood of Southern Cameroons
Betrayal of Too Trusting a People: The UN, the UK and
the Trust Territory of the Southen Cameroons

Bill F. Ndi
K'Cracy, Trees in the Storm and Other Poems
Map: Musings On Ars Poetica
Thomas Lurting: The Fighting Sailor Turn'd Peaceable /
Le marin combattant devenu paisible

**Kathryn Toure, Therese Mungah
Shalo Tchombe & Thierry Karsenti**
ICT and Changing Mindsets in Education

Charles Alobwed'Epie
The Day God Blinked
The Bad Samaritan

G. D. Nyamndi
Babi Yar Symphony
Whether losing, Whether winning
Tussles: Collected Plays
Dogs in the Sun

Samuel Ebelle Kingue
Si Dieu était tout un chacun de nous ?

Ignasio Malizani Jimu
Urban Appropriation and Transformation: bicycle, taxi
and handcart operators in Mzuzu, Malawi

Justice Nyo' Wakai
Under the Broken Scale of Justice: The Law and My
Times

John Eyong Mengot
A Pact of Ages

Ignasio Malizani Jimu
Urban Appropriation and Transformation: Bicycle Taxi
and Handcart Operators

Joyce B. Ashuntantang
Landscaping and Coloniality: The Dissemination of
Cameroon Anglophone Literature

Jude Fokwang
Mediating Legitimacy: Chieftaincy and Democratisation in
Two African Chiefdoms

Michael A. Yanou
Dispossession and Access to Land in South Africa:
an African Perspevctive

Tikum Mbah Azonga
Cup Man and Other Stories
The Wooden Bicycle and Other Stories

John Nkemngong Nkengasong
Letters to Marions (And the Coming Generations)
The Call of Blood

Amady Aly Dieng
Les étudiants africains et la littérature négro-africaine
d'expression française

Tah Asongwed
Born to Rule: Autobiography of a life President
Child of Earth

Frida Menkan Mbunda
Shadows From The Abyss

Bongasu Tanla Kishani
A Basket of Kola Nuts
Konglanjo (Spears of Love without Ill-fortune) and
Letters to Ethiopia with some Random Poems

Fo Angwafo III S.A.N of Mankon
Royalty and Politics: The Story of My Life

Basil Diki
The Lord of Anomy
Shrouded Blessings

Churchill Ewumbue-Monono
Youth and Nation-Building in Cameroon: A Study of
National Youth Day Messages and Leadership Discourse
(1949-2009)

Emmanuel N. Chia, Joseph C. Suh & Alexandre Ndeffo Tene
Perspectives on Translation and Interpretation in
Cameroon

Linus T. Asong
The Crown of Thorns
No Way to Die
A Legend of the Dead: Sequel of *The Crown of Thorns*
The Akroma File
Salvation Colony: Sequel to *No Way to Die*
Chopchair
Doctor Frederick Ngenito

Vivian Sihshu Yenika
Imitation Whiteman
Press Lake Varsity Girls: The Freshman Year

Beatrice Fri Bime
Someplace, Somewhere
Mystique: A Collection of Lake Myths

Shadrach A. Ambanasom
Son of the Native Soil
The Cameroonian Novel of English Expression:
An Introduction

Tangie Nsoh Fonchingong and Gemandze John Bobuin
Cameroon: The Stakes and Challenges of Governance and
Development

Tatah Mentan
Democratizing or Reconfiguring Predatory Autocracy?
Myths and Realities in Africa Today

Roselyne M. Jua & Bate Besong
To the Budding Creative Writer: A Handbook

Albert Mukong
Prisonner without a Crime: Disciplining Dissent in
Ahidjo's Cameroon

Mbuh Tennu Mbuh
In the Shadow of my Country

Bernard Nsokika Fonlon
Genuine Intellectuals: Academic and Social
Responsibilities of Universities in Africa

Lilian Lem Atanga
Gender, Discourse and Power in the Cameroonian
Parliament

Cornelius Mbifung Lambi & Emmanuel Neba Ndenecho
Ecology and Natural Resource Development
in the Western Highlands of Cameroon: Issues in Natural
Resource Managment

Gideon F. For-mukwai
Facing Adversity with Audacity

Peter W. Vakunta & Bill F. Ndi
Nul n'a le monopole du français : deux poètes du
Cameroon anglophone

Emmanuel Matateyou
Les murmures de l'harmattan

Ekpe Inyang
The Hill Barbers

JK Bannavti
Rock of God *(Kilân ke Nyín)*

Godfrey B. Tangwa (Rotcod Gobata)
I Spit on their Graves: Testimony Relevant to the
Democratization Struggle in Cameroon

Henrietta Mambo Nyamnjoh
« La pêche ne nous apporte rien », Fishing for Boat
Opportunies amongst Senegalese Fisher Migrants

Bill F. Ndi, Dieurat Clervoyant & Peter W. Vakunta
Les douleurs de la plume noire : du Cameroun
anglophone à Haiti

Les douleurs
de la plume noire
du Cameroon anglophone
à Haïti

Bill F. Ndi
Dieurat Clervoyant
Peter W. Vakunta

Langaa Research & Publishing CIG
Mankon, Bamenda

Publisher:
Langaa RPCIG
Langaa Research & Publishing Common Initiative Group
P.O. Box 902 Mankon
Bamenda
North West Region
Cameroon
Langaagrp@gmail.com
www.langaa-rpcig.net

Distributed outside N. America by African Books
Collective
orders@africanbookscollective.com
www.africanbookscollective.com

Distributed in N. America by Michigan State
University Press
msupress@msu.edu
www.msupress.msu.edu

ISBN: 9956-616-28-1

DISCLAIMER

The names, characters, places and incidents in this book are either the product of the author's imagination or are used fictitiously. Accordingly, any resemblance to actual persons, living or dead, events, or locales is entirely one of incredible coincidence.

Contents

Dédicace..*ix*

Préface ....*xi*

Le poète : Bill F. Ndi **3**

Magistralement Nègres 5

Mon Tort 6

L'apothéose de la confusion 7

La noyade 8

Hère: Chante moi des aires 9

Avatar de la régression 10

Effort Brisé 11

Ce parcours (Ailleurs ou nulle part) 12

Le V. C. du poète 13

Bizarre ! Bizarre ! 15

Dire ou ne pas dire ? 17

La Machine de Mort 18

Pays Ami/Pays Ennemi 19

Une Seule Direction 20

Je Dirais à St Ex. 21

La Terre des SouFFrançais 22

Le Monde à l'Envers 23

Commerce Mondial 24

Nous Chantons Aussi Multinational 25

Outremer 26

Et Pourtant C'est Vrai 27

Aucune Raison D'Avoir Tort 28

Mon Histoire 29

Lexicologues, Nous nous Réinventons 30

Vivent les Francs ! 31

Le poète : Dieurat Clervoyant **35**

Illusion 37

Faux espoirs 38

Douceurs 39

Douleurs 41

Misère 47

Illusion II 50

Révélation 52

Manou 54

Confusion 55

A mon fils chéri. 56

A Marie Angelina, ma mère 60

Le Fardeau de l'intellectuel noir en France 61

L'Automne 64

Sacrifice 66

Désintéressement 69

La vieillesse 73

Rage 75

Terres que j'aime et déteste 76

Vaines chimères 77

Ballade sur mer 78

Espoirs déçus 79

Je t'aime à la raison 80

Hommage à l'enfant du Cameroun 82

Monsieur le Professeur, ... 83

Maître-chien 87

Coïncidence 90

Le sang d'un cœur 93

Le poète : Peter W. Vakunta **97**

    Travailleur immigré 99

    A l'école des gaulois 101

    Crise identitaire 102

    Afritude 103

    Les Damnés de cette Terre 105

    Mission Civilisatrice 107

    J'avais un rêve 108

    Les fous de Dieu 110

    Châteaux en Espagne 111

    Faux-semblants 113

    World Trade Center 114

    La vie et demie 115

    La vie 117

    Offrandes aux ancêtres 118

    Maraboutage 119

    Métissge 120

    Hommes pas comme les autres 121

Dédicace

Nous dédicaçons cet ouvrage à tous les sans-papiers
du monde entier sans oublier les travailleurs immigrés,
baptiseurs de l'empire de chiches riches

Préface

Le titre métaphorique donné à ce recueil de poèmes a une signification profonde, et nous devrions même parler de signification au pluriel. Nous devons souligner que ce titre a été proposé par le poète Bill F. NDI lui-même qui, étant frappé par le rapprochement des thèmes, tout à fait fortuit, observé dans nos « chants » à tous trois, a sciemment choisi le titre fort bien approprié pour cet ouvrage. Soit précisé au passage, ainsi que cela a été le cas pour certains livres sacrés ou pour certains mouvements littéraires où la question de l'inspiration se pose avec la plus grande acuité possible, c'est le jeu de la conjoncture qui a amené notre confrère et collègue Bill F. NDI à faire ce choix et cette proposition.

Il ressort en effet un concours de circonstances à la fois sociologiques, professionnelles et/ou raciales qui nous amènent tous trois, indépendamment d'ailleurs de notre volonté, à l'expression de thèmes qui résonnent comme si nous nous étions auparavant entendus sur une problématique ou une thématique commune. Or cependant, et c'est ce que bon nombre appellent l'inspiration, nous sommes tous trois étonnés de voir que nous nous sommes retrouvés dans l'expression de choses qui nous interpellent tout simplement, sans qu'il n'ait eu besoin de lancer l'idée d'une quelconque problématique à traiter.

La similitude des thèmes observée dans nos œuvres à tous trois tient sans doute du fait que nous avons fait à peu près la même expérience en tant qu'immigrés dans des pays qui ne sont pas les nôtres. Par-delà ce motif qui unit nos plumes et nous inspire les morceaux que voici, il y a également l'expérience de l'esclavage ou de la colonisation qui constitue pour sa part aussi un autre ciment d'union de nos œuvres. Car en fait, cette expérience qui fut à l'origine de la falsification de l'histoire des peuples asservis et colonisés dont il résulta l'anthropologie raciste d'une Afrique noire décrite comme un ensemble de peuples sauvages, sans contact avec la Civilisation, a produit son effet sur nous en tant qu'immigrés, descendants d'anciens esclaves, en ce sens que le regard porté sur nous, surtout en France, est entaché encore d'un certain mépris.

Le noir, pour intellectuel soit-il, est considéré en France comme n'étant fait que pour les travaux et les tâches qui requièrent de la force physique. Bill F. NDI ainsi que Dieurat CLERVOYANT ont connu ces traitements en France où ils n'ont jamais pu intergré la société, malgré tous leurs efforts. Voilà comment en sont-ils venus à l'insu d'une volonté commune de le faire, à vouer quelques uns de leurs poèmes à la France qu'ils aiment mais à laquelle ils ne peuvent pas manquer d'adresser leurs reproches. Mais, et c'est là l'effet général de l'esclavage, et en l'occurrence de l'anthropologie « fabriquée » et raciste, sur le monde noir, il n'y a pas qu'en France où nous subissons le mépris ou le rejet des autres. C'est partout dans le monde que nous sommes exposés à cela, malgré les changements importants qui se sont produits dans les comportements des gens à l'égard du noir depuis quelques décennies, tant ailleurs qu'en France. L'expérience de Peter W. Vakunta aux USA est un témoignage que le regard projeté sur nous n'est pas regrettable seulement qu'en France.

En réalité, il faut avouer que le regard que porte le Français sur un noir est différent de celui que porte un Américain sur le même sujet. En France, on ne sent presque pas de discrimination dans les rapports de frottement entre le Blanc et le Noir, peu importe la condition matérielle, intellectuelle ou professionnelle de ce dernier ; or, aux Etats-Unis cette discrimination se ressent quelque peu encore. Mais néanmoins, et c'est l'envers de la médaille, là où les Etats-Unis ne se montrent pas racistes en intégrant les intellectuels ou les cadres noirs selon leur mérite, sans considération sur leur origine ou sur la couleur de leur peau, la société française, elle, reste très fermée aux intellectuels et hommes noirs de valeur.

Ainsi, quand Peter W. Vakunta parle dans l'un de ses poèmes de l'expérience de sa famille aux USA, Bill F. NDI et Dieurat CLERVOYANT savent qu'il s'agit d'une expérience qui diffère bien dans sa nature de celles qu'ils ont vécues en France. Mais qu'importe les différences de nature, les préjugés, ou disons plutôt les anciens préjugés, convoqués sur les Noirs par l'anthropologie occidentale, esclavagiste et raciste, de l'Afrique continuent encore de produire leurs effets à notre encontre partout dans le monde. Notre poésie en fait état, ainsi que vous vous en rendrez compte vous-mêmes. Mais, disons-le tout de suite, il n'y a pas que cette problématique qui constitue la toile de fond de notre œuvre.

Aussi bien chez Bill F. NDI que chez Peter Wuteh VAKUNTA ou Dieurat CLERVOYANT, le terroir occupe une place assez importante dans leurs poèmes, et même bien plus importante que la dénonciation des préjugés et descriminations auxquels ils font face dans les pays où ils vivent en tant qu'étrangers. Rappelons au passage que Bill F. NDI vit actuellement en Australie à laquelle il ne consacre pas même un seul poème dans lequel il dénoncerait une quelconque discrimination. Sans doute que l'expérience qu'il vit dans ce pays n'a rien de comparable avec celle qu'il a vécue en France.

L'intérêt que nous portons tous trois à nos nations, Bill F. NDI et Peter W. VAKUNTA à leur Cameroun Anglophone, Dieurat CLERVOYANT à Haïti, n'est pas tout à fait le même. Bill F. NDI et Dieurat CLERVOYANT sont dans le sociopolitique, Peter W. VAKUNTA, lui, ancre son travail dans l'ethnologique ou dans l'ethno-historique, même si on retrouve de l'historique chez Bill F. NDI également. Ce dernier est dans la satire sociale et politique,

Peter W. VAKUNTA dans le « folklore » et l'historique. Les deux se rejoignent dans l'histoire de la colonisation, sujet qui n'a pas interpellé Dieurat CLERVOYANT lui-même. Il s'est, quant à lui, versé dans une espèce de colère et de rage politiques contre une Haïti qu'il aime mais qu'il déteste en même temps, à cause de la mauvaise foi et de l'irresponsabilité de ses compatriotes et responsables politiques. En raison de ces deux aspects de notre œuvre, notre poésie s'inscrit dans la mouvance d'une poésie engagée.

Mais il n'y a pas que cette dimension de poésie engagée qui se dégage de cette anthologie, nous nous sommes également amusés avec cette espèce de poésie que nous rangerons dans le cadre du « *placere* », cette espèce de « poésie-amusement ». Ainsi Bill F. NDI a-t-il joué avec les mots et les sonorités, et parfois même avec les images ; c'est de nous trois le plus classique, car il joue aussi avec les rimes et parfois avec les mètres. Quant à Peter W. VAKUNTA, Bill d'ailleurs aussi, c'est un éclectique pour qui tous les sujets sont poétiques et qui joue avec les sens. Que dire donc de CLERVOYANT ? Il s'amuse d'une certaine façon mais sans jouer comme eux avec les mots, les sens et les sonorités. Il s'est seulement contenté de jouer avec les images qui sont, avouons le, tantôt gracieuses, tantôt disgracieuses ou mal ciselées.

En tout cas, ce qui étonne dans notre travail, c'est que nous nous rejoignons sur bien des points qui laissent apparaître une certaine unité dans l'ouvrage, alors qu'il n'a jamais été décidé que nous devions produire une œuvre commandée par une thématique dirigée ou orientée. Cela nous amène au sentiment que l'inspiration n'est pas le fait de l'intervention de forces quelconque qui agissent à travers nos plumes, mais de circonstances ou de conjonctures parfois fortuites, parfois objectives et péniblement réelles.

Les auteurs : Ndi, Clervoyant & Vakunta

Première partie

Le poète : Bill F. Ndi

Bill F. NDI, docteur ès lettres : Langues, Littératures et Civilisations Contemporaines : Traduction. Auteur de nombreux articles principalement sur le quakerisme originel et son influence sur les idées et les mentalités modernes au sujet du pacifisme international et la mondialisation, sur la littérature en général et plus particulièrement le genre autobiographique et épistolaire, etc. : *Traduire le discours Quaker, Littérature des Quakers et Clinique de l'Âme, Quakerisme originel et le milieu maritime, La Révolte dans la littérature Quaker, Early Quakers at Sea, Discours de la vengeance dans les journaux confessionnels Quakers etc.*... Il est enseignant chercheur, linguiste, traducteur, littéraire, historien des idées et des mentalités, historien d'internationalisme et des mouvements du pacifisme, poète/dramaturge, conteur et critique littéraire. Il a publié plusieurs recueils de poésie parmi lesquels *K'cracy, Trees in the Storm and Other Poems, Mishaps and Other Poems, Musings on Ars Poetica* ainsi qu'une pièce de théâtre : *Gods in the Ivory Towers*. D'autres contributions importantes : « Les noms : enveloppe du destin dans les Grassfields du Cameroun », « Mondialisation et l'éthique globale : préoccupation Quaker ». Il a enseigné à l'école de langues à Paris, à l'Université de Queensland et de Sunshine Coast et actuellement il enseigne à l'UFR de Communication et des Arts Créatifs à Deakin University à Melbourne en Australie.

Magistralement Nègres

La main je tendis à mon frère francophone
Sur elle il cracha et me dit sale Anglophone !
Perplexe, ma peau je regardai
Vite et vis que l'arrogance criait
Cette ignorance d'esclaves gardant les tables
Qui se voyaient mieux que ceux des étables.
Nègres, nègres, nous sommes tous noirs
Même les blancs du continent noir
Nègres, nègres réveillez-vous
Rejoignez autres nègres, nous
Et ensemble nous ferions la force
Que de consommer leur divorce
Qu'ils nous poussent dans la gorge ;
Là serait notre forge
Et non leurs artifices linguistiques
Que toi et les tiens trouvez féeriques
A m'appeler nègre et je suis
Et magistralement mon cours je suis
Et non celui de chocolat doré
Mon être n'est pas un bien à rejeter
Pour d'illusions qu'on dirait cocasses
Même si tu ne me trouves point loquace
Mais la diarrhée verbale j'en ai horreur
Car la tienne me provoque la grande fureur !
Nègre, je suis magistralement nègre
Fier et sais ménager chou et chèvre.

Mon Tort

C'est l'histoire de mon tort
Ils débarquèrent au port
L'un fut Français
L'autre Anglais
Au lendemain de la grande guerre
Nous aperçûmes de grandes lueurs
Accueillant papa et maman
L'Anglais partit, descendit la manne
Au Français,
Ses laquais
Qui firent de mon frère roi
Qui me prit pour une proie
Me spoliant de mon titre princier
De n'avoir pas été le choix premier
Pour ce, en public il me déshabilla
Jusqu'à mon costume de naissance, me laissa.
Prince personne ne me reconnaît
Même pas la langue que me léguait
Ma mère anglaise aujourd'hui une snobe
Qui ne veut d'aucun œil voir mon aube
D'ailleurs le frère roi fait loi
Il faut l'acclamer ma foi
Si non c'est un tort
Jouer avec son sort
Telle est mon histoire
Je n'ai pas de foie !

L'apothéose de la confusion

Aussi rêvait la Fontaine de Papimanie
Nom aussi étrange que kakistocratie
Or au Cameroun ceux qui ne l'ont jamais entendu
La vivent mieux que tous
Et la riment avec kleptomanie
Et pratiquent la kleptocratie
Seront-ils tous poètes les Camerounais ?
Lorsque nous subtilisons des mots
Politiciens, eux, au Cameroun jouent avec des maux
L'apogée d'une confusion homonymique
Donnant au peuple de façon inique
La Douleur
Contre douceur
A ce peuple pacifique
D'aucun besoin casuistique
Mais recevant la mort
Par le dictateur, prise pour un sport.

La noyade

Au bord de la Seine
  Les poètes en a fait des siennes ;
     Ces grandes eaux
       Pour restituer Poe…
        Ma foi ! Rêver de la faire mienne,
         M'immerge… ! Tiens!
Inondé de larmes les yeux
Jamais ne deviendrai-je mieux.
Pour me blottir
Sans mentir,
Sur ma couche   sans rire
Ainsi, résumant
Le comportement
De la bête savante :
Ces fleurs   moururent   de   pleurs ;
Meurtri un   cœur   pur,
Dans une maison
     Lors de la saison
     Baisant la floraison…
        Or, ne pas croire
Les rendit noires ;
        Toutes noires ;
  Accomplissant pour la savante, son devoir :
    Les privant de tout droit
     Aux noix.
     Ils se noient
    Et le souci dans l'alc.
     Armé d'arc
     Sans flèche
   Se réjouissent-ils d'une fraîche
      Bière
    Craignant la mise en bière

Hère
Chante moi des airs

Misérable Misère,
Que de misère !
De la Lozère
Et sans loueur
A Massy Verrières
Jusqu'à Paris siège de Misère
Ne casant point de rizière
En maître y règne la Misère
Misérable !
Pari adorable
Dans un Paris doré
Et de façade dorée
Masque de la tristesse
Flambeau de la faiblesse
Des politiques
Qui en font leur musique
Or les miséreux
L'air tout sérieux
Déchoyant les maux
Font la leur dans le métro
Pour chasser la misère
Qui de son siège zèle
Et bien sur sans ailes !

Avatar de la régression

Un fruit défendu ne peut être dégusté
Pas par celui qui par l'interdit est frappé
Pour atteindre la majorité il a fallu attendre 89
Et nous en sommes fiers et rien de neuf
Mais les enfants noirs qui osent payeront le prix
Bon gré, mal gré pour eux, tant pis
Sous le Soleil on les tint en esclavage
Sous d'autre règne d'ailleurs, ce fut le servage
Sous De Gaulle ce fut le tour de la Guinée
Ainsi fut pour elle sa destinée
Sous Mitterrand, Sankara ciblé réactionnaire
Fut assassiné et enterré par ses missionnaires
Avec le soutien rocardien de la luxure
Démocratique, un privilège sans besoin de souillure
Bon pour les noirs ne sont que dictateurs
Jouissant dans les bras de ces avatars, vecteurs
D'une régression embobinée dans le transfert,
Le transfert de la technologie, un couvert
Masquant le pillage de fonds qui bourre les caisses
Une assurance de voir s'asseoir ; pas sur une chaise,
Mais un trône qui pour l'amitié n'a point le nez
Pourtant de l'avatar dans nos affaires est vu son nez.

Effort Brisé

Fatigué de notre monarque
Et ne pouvant l'envoyer à Jarnac
Nous avons voulu nous en débarrasser
Quand est intervenu Dieu depuis son paradis d'Elysée
Racheter le monarque
Pour nous quelle arnaque
Enterrant tout l'effort de villes mortes
Ejectant nos espoirs par la petite porte
Nous donnant la mort pour avoir osé demander
Au représentant de Dieu de nous garantir la liberté,
Privilège exclusif de Dieux et leurs représentants sur terre
Où nous ne sommes que noirceur d'ailleurs
Salissant la vue de dieux,
Propriétaires des lieux,
Surtout pas lorsqu'il s'agit de l'or noir
Qu'ils embrassent du matin au soir.
Maintenant à Jarnac, Dieux repose en paix
Et son dauphin ne nous laisse que des plaies.

Ce parcours
(Ailleurs ou nulle part)

Nous sommes tous

D'ailleurs

Et irons tous

Ailleurs

Vous dis-je !

« La culture

Est ailleurs. »

Nous disent-ils
Et se tournent-ils
Vers nous :
« Vous n'avez pas de culture. »
Pourtant nous ne faisons partie
D'aucun de leurs partis.
Dans des palaces,

Ils se sucrent,

Sur les Quais
Et sous les ponts
De la Seine
Leurs incultes saignent
Et se lassent.
Hélas !
Telle est la beauté
De santé
Du pari
Dans un Paris

Sans   T

Le V. C. du poète

Dans le ventre de ma mère
Nageais-je comme dans une mer
Futur nouveau-né du maître
D'école, ignorant l'être
Que je deviendrai :
A l'âge d'un jour,
Septième fils de papa fus-je
Mais beaucoup de surprises
M'attendaient dans cet avenir lointain…
A cinq ans, je n'étais plus septième fils de papa
Mais celui du directeur d'écoles.
Quelques années plus tard, me voilà
A Ndop dans des rizières
Où je ne pouvais qu'être riziculteur ;
Torpillé par ces surprises,
Me revoilà pousseur
Petit vendeur
A la sauvette
Vendant cigarettes
Et boissons etc.
Et me trouvant sous les ponts de la Seine
Je répondis bon gré
Malgré
A l'appellation Mr. Fresh,
Fresh car avec ou sans permis
Avec ou sans papier,
Je vendis fraîcheur aux assoiffés,
Aux ristous du monde entier
Aux yeux desquels je n'étais qu'un pauvre
Misérable armé de patience
Seule arme des miséreux

Ayant une richesse agréable
Le don de n'être point fâché
Contre qui que ce soit
Chose qui m'empêcha de tomber

C'était là un destin qui se forgeait….
Or, aujourd'hui
Un regard en arrière
Me fait voir…. !!
Ce qui réchauffe
Le cœur le plus
N'est pas d'entendre autrui
Crier : « Dog ou Doc. »
Puisque des couleurs
J'en ai vu
Et sous tous les cieux….
Des miracles allant
De l'apparition
A la disparition
Des échecs en vrac
Qui me donnèrent le courage de rester intact :
Ma réussite ?
Minorité
Dans un pays de majorité
Et partout ailleurs
Minorité visible….
L'invisible
Aurais-je souhaité
Dès lors que ce chien D'oc
Indésirable ne recevrait des pierres
Lancées lors de ses prières…. !

Bizarre ! Bizarre !

Que d'idées bizarres !
A la rue
Je ne vis en ce pote
Cc grand poète
Qu'il fut
Avec l'idée sotte

Qu'ils sont tous grands, des poètes
Et n'habitent que des châteaux
Grand comme celui de Versailles

Et ne firent point de vaisselles
Telle fut cette idée bizarre….
Or la plume de la rue
Orne les châteaux
Même si ces derniers la renient
Et cherchent à déplumer la rue
Et la laver avec de l'eau
Dans mon berceau
Sur l'acte ils posèrent un sceau !
Ignorant tout.
Or ce beau
Matin je vis la beau-
Té du monde.
Avec leur réflexion sur les tas
« L'Etat
C'est nous »
Vite Je vis
Dans (ces tas) nous
Son ombre

Et nous sommes en nombres
Considérables
Méprisables
De leur Etat
Ces tas
Sans tasses
S'entassent
Avec
Dé
S
I
R
De rire
Que des rires
Pour Lire
En transe
Que des délires
En France
Dans cette terre d'accueil
Ayant chassé ses écureuils
Qui y sont tombés pour rester par terre
Ou aller au cimetière
Loin de la mer(e)
Lieu originel de bonheur éternel
Dans laquelle de joie nageaient
Ces têtards qui à jamais
Voulurent la quitter et y retournent pour tremper la
queue de manière bizarre
Et parfois dans les autres y laisser leurs têtards !

Dire ou ne pas dire ?

Pourquoi ne dirai-je rien
Contre ce grand vaurien
D'un savoir limité a l'occupation
Du palais où il chérit la corruption
Et nous prend pour de grands rats qui rongent son cœur
En mimant le chant tragique joué par le chœur

Les murs de son palais bâtis de soldats
Cimentés avec nos sangs lui donnent mandats
Du moins pense-t-il loin de notre espoir
De mettre fin à la dictature qu'il choie
Avec ses soldats qui puent le pet
Sans lesquels nous bâtirons la paix

La Machine de Mort

A Ndop nous ne cultivons pas que le riz
Mais nous cultivons aussi le rire
Sans lequel ce sera le pire
Qui nous coupera le zéphyr

Comme les politiques qui nous coupent les vives
Pour que le père de la nation ainsi que la nation vivent
De souffle qu'ils nous coupent de manière répressive
Ou plutôt c'est la populace les subversives

C'est ainsi que règne la paix dans cette nation
Mendiant qui parle n'aurait point de ration
Et tout poète s'adonnant à l'imagination
N'aurait que déboires, désillusions

Et bastonnades policières à adosser
Car nos frères policiers sont dressés
En machine de mort fabriquée pour tuer
Toute innocence qui veut ses droits revendiquer.

A Ndop nous voudrions ces machines dans les rizières
Or ils ne voudraient point du riz car c'est de la misère
A la rue l'odeur du mil fait descendre bien leur bière
Cas typique de la pensée de Jean de La Bruyère.

Pays Ami/Pays Ennemi

La France pays ennemi
La France pays ami
Avec ces Anglais elle a toujours dansé
Entre le chaud et le froid même en été ;
Posons à la France une question
Pour savoir ce qu'elle a contre ces nations
Et ce qu'elles ont fait pour mériter les brimades
De ses sous-préfets qui lourdement armés colmatent
Les innocents n'ayant droits qu'aux bastonnades
Sur nous tombant comme les tornades
Loin de Franco nous sommes anglophones
Mais qu'est-ce qu'un rat à foutre avec un téléphone ?
N'étant point au début ni à la fin
Tout ce que demandent ces pauvres c'est d'assouvir leur faim
Or ce que rejette le monde
C'est de leur pourvoir la table ronde
Dont la rondeur
N'arrange point son dictateur.

Une Seule Direction

A Paris
Un pari
Dans la multitude
Vit la solitude.
Des sous partout
Que dalle partout
Belles villes
Belles filles
Buvant la Belleville
Au cœur de la ville
La ville ornent
Avec leurs cornes
Sans aucune vie
Pleines d'utopie
Notre vie sera mieux
Tout y goûte mielleux
Et disparaît en une minute
Plus belle ville du monde sans dispute
Donne-moi que la corne remplie
Et pour toi, garde celle d'utopie…
Un seul mot : continuez
Cela va nous arranger
Paris plus la seule direction
Pari dans d'autres directions
N'ayant plus de mains basses
Sur nos produits de bases.

Je Dirais à St Ex….

La terre n'a jamais été celle des hommes.
La terre a toujours fait pousser les pommes
Et s'est toujours servie à enterrer les morts
Qu'ai-je fait pour encaisser du dictateur une cruelle mort
Entre les mains de ses tortionnaires
Ils se diraient plutôt fonctionnaires ;
Fonctions sur lesquelles je vomis
Ma peine et la crie comme un engin qui vrombit.
Un jour peut-être la terre sera celle des hommes
Et non à ces peuples soufrançais, la tombe.

La Terre des SouFFrançais

Longuement j'ai eu à réfléchir
Sur ce que St. Ex… avait à dire ;
D'après lui, aux hommes appartenait la terre
Qu'aurais-je pu, y voyant sortir des vers ?
Des sous je rêvais et rêvais-je encore
Cela faisait bon vivre ; bon d'accord !
Des sous il m'en fallait beaucoup
Mon frère dit qu'en France c'est partout
C'est-là que rêve deviendrait réalité
Car c'est une terre de droits et d'équité
Un berceau de choix je me la fis
Et vis que sous devant France se fient
A dorer les pavés et les bancs publics parisiens
Sans oublier les machines à sous que sont les crottes de chiens
Bref, la terre des hommes
La France de sous hommes,
Pays de liberté, d'égalité et de fraternité
Fief de souffrance pour Africains pour toute une éternité
Cherchant ces sous partout en France
Où les deux jumelés donnent sous France !

Le Monde à l'Envers

Nous avons tout copié de la France
Y compris l'art de tomber en transe
Mais pas ce que disait un certain Edouard
A son ami Jacques qui eût cru en Edouard :
Il lui disait : « Jacques dort, le gouvernement travaille ! »
En Afrique les gouvernements dorment, les peuples travaillent
Ils travaillent jusqu'à creuser à mains nues leurs tombes
Au travail ils se meurent n'ayant besoin d'attendre la bombe ;
Quelle soit cathodique ou musulmane
Jusqu'à demain, du ciel ne tombera point la manne.

Commerce Mondial

Ils courront après richesse en vain
Le café est plus bu que le vin
Chez-nous ses planteurs n'ont point de toits
Chez eux les animaux font la loi
A eux les toits, aux planteurs de vignes les châteaux
Chez-nous, planteurs de café mènent que vie d'animaux
Ils sont bêtes de somme
Rassurant d'énorme
Source d'eau à arroser
Sans hutte près de rosiers
Où fleurit l'arbre à argent
Du commerce mondial son agent
Rêvons qu'un jour les nôtres
Seraient comme ces apôtres
Qui tirent les ficelles et nous font boire
Peu importe les couleurs des pourboires
La machine doit tourner coûte que coûte
Au nord on s'en foute il y a la casse-croûte
Dieu à l'homme donna dominion sur tout sauf le vol
Chez celui et d'autres qui surent remplir bien leur bol
Par échange dirions-nous équitable
Nous sommes riches, un fait indiscutable
Vive le commerce mondial
Vive spoliation mondiale.

Nous Chantons Aussi Multinational

Chez-nous sont monnaies courantes
De noms tels Elf, Shell, et Total
Pourtant, il n'y a que dalle totale
Qui fait sa monnaie la plus courante
Et nous chasse de cette terre natale.
Telle est notre chanson multinationale.

Outremer

Ils nous parlaient tellement d'ordures.
Nous les crûmes et vîmes la verdure
Loin de chez-nous, ce fut chez eux
Le chez-nous infecte comme un lépreux
Et nous voilà dans leurs rues
Balayant les ordures
Pourtant nos hommes d'Etats
Ignorant leurs propres Etats
Se disent hommes forts
Puisqu'ils habitent les châteaux forts
Terrestre où peuple mène vie minable
Dépourvue d'eau potable ;
Tel est le pays de merveilles
Où nous jouissons de piqûres d'abeilles.

Et Pourtant C'est Vrai

Est-il Vrai ?
Ce n'est pas vrai !
Comment peut un homme voler
Sans des ailes ? On dit qu'il s'est tiré
Portant avec lui des milliards
Or, nous les pauvres n'avions pas de billards
Pour nos jeux enfantins ;
Tant pis pour nous, il est châtelain.
Du moins ça c'est vrai !
Mais peut-il nous laisser en paix ?

Aucune Raison D'Avoir Tort

Vouloir vivre par comparaison
N'est pas du tout raison
De se distinguer par clan et tribu, j'en passe
Ce qui misère et malheur retrace :

Tribalisme, forme sinistre du fascisme
Fascisme, forme sinistre du racisme
Racisme, forme sinistre de l'inhumanité
L'inhumanité, comble de l'atrocité

L'atrocité, sommet de la folie
La folie, état avancé de se haïr
Se haïr, laisser atrophier son cerveau
Le cerveau, un très grand cadeau

Gisement de la raison de n'avoir jamais tort…
Ainsi compris comment peut-on avoir tort
Comme au pays où clanisme et tribalisme l'emportent
Laissant à la population leur crotte

Vive au dépotoir des déboires?
Faut-il à la tribu, le boire
À la mangeoire des suppôts
Exonérés d'impôts

Faisant un pas ver le gouffre
Qui protège leurs coffres
Raison d'avoir leur raison
Quand même est crié déraison !

Mon Histoire

Pauvre petit anglophone
Au pays à majorité francophone
Voulant tâter le terrain du français
A osé rédiger un mémoire en français
Sous la direction d'une certaine Marcelline
Qui lui rappela où se trouvait la ligne
Entre français et anglais qui ne sont pas frères
Il est interdit de vouloir piquer au frère
De Marcelle sa place de maîtrisard
Un Anglos à cette place est maquisard
Elle imputa la cause à l'Ambroise
Comme source de cette angoisse
Quoiqu'en elle est endémique, la haine
Qui aux Anglos donne de la peine.

Lexicologues, Nous nous Réinventons

A la fac, fus-je à la lexicologie introduit
Mais j'aimais à m'amuser avec les mots d'autrui
Et refusai-je de poursuivre ce chemin
Voila qu'un jour me levant au lendemain
Je fus fort bien frappé par une folie fantoche
Et me demandai ce que l'on ferait sans torche
D'ailleurs ce ne fut pas mon devoir
Quand ce matin j'ai voulu savoir
Ce que diraient lexicologues de cette pratique
Car le peu que j'appris me montra qu'en pratique
Dans cette matière, *demo* et *kratia* nous donnent démocratie
Suite logique ? *Fantoche* et *kratia* donnent bien fantochecratie
Me soulignant ce cauchemar qui hante l'Afrique
Qui comme disait Dibango n'a point de fric
Bien entendu, pleines de gouvernements fantoches
Embrassant l'obscurantisme sous la toge
D'une opaque excellence qui médiocrité
Vernit et nourrit bien l'insincérité
Laissant le peuple entier dans le noir
Ne sont-ils pas noirs du matin au soir ?
Vivent les noirs dans le noir du jour !
Mais gérants fantoches ? Pas pour toujours !
Après avoir vu ce masque qui de cachette vous sert, vous,
Ne souhaiteriez-vous pas que la peste vous emporte tous ?

Vivent les Francs !

Gide vit une porte étroite et la décrivit.
Elle est bien la notre qu'on a rétrécit.
Là, que veut dire on ?
Est-ce personne ?
Non, non, non et non !
Une personne !
Pour qui chante-t-on
Cette vieille chanson
Qui les cœurs attriste
Car le chœur est triste
De voir une personne aussi belle
Commettant tant de crimes qui gèlent
La moelle épinière de tout être
Côtoyant cette bête qui se veut maître,
Se veut belle et douce comme la France
Merveille de l'Ouest qui exhorte la carence.
D'aliment ou du fric ?
Toutes les deux en Afrique !
Où vivent les Francs
Maçons bien Francs
Qui nos nations bâtissent au marécage
Et nous nous trouvons comme d'oiseaux en cage !

Deuxième partie

Le poète : Dieurat Clervoyant

Dieurat Clervoyant est né à Dessalines, Haïti. Il vit en France depuis bientôt vingt-et-un ans. Après un diplôme d'études approfondies de langues, littérature et civilisations contemporaines et un master 2 de sociologie et anthropologie critiques du développement et des échanges, il prépare actuellement deux doctorats de lettres et d'anthropologie. Il se spécialise dans la littérature haïtienne et comparée et en anthropologique politique et historique de ce qu'il appelle lui-même les Caraïbes du centre, à savoir la Jamaïque, la République Dominicaine, Cuba et Haïti. Il a déjà publié en 2007 un essai politique *Qui peut battre Nicolas Sarkozy ? Ou Essai sur la prise en otage de la présidentielle comme stratégie politique et méthode de campagne interne*. Il a également écrit un autre essai en attente de publication sur les questions de la discrimination et de l'exclusion en France : *La France de La Discrimination et de l'Exclusion*. Il écrit actuellement un troisième essai sur le phénomène OBAMA et la question noire aux Etats-Unis.

Illusion

Je voudrais tant me réveiller
Ivre de douceur dans tes bras
Tel jadis dans les seins de ma mère

Je voudrais tant mourir
D'infinies tendresses dans ton sein
Tel jadis dans les bras
De ma douce et tendre mère

Je rêve d'une mère
Aussi ou presque aussi jeune que moi
Qui me prenne dans ses mains
Dans son sein et ses bras

Mais je me réveillerai
Ivre d'illusions
Je n'aurai fait qu'un rêve
Celui d'avoir été dans tes bras
Qui n'ont jamais existé pour moi

Faux espoirs

Tu m'as fait boire à la source infâme
De ton palais livide
Une eau cristalline
Couleur saumon-aurore

Tu m'as enivré
De chuchotements intenses
A mes tympans jetés
Comme une rosée de tendresse
Dont la plus tendre des femmes
Baigne et parfume son amant

Et moi tout innocent
J'ai cru en ton amour
Et embrassé ton sein que j'ai longtemps baigné
Des salives d'un nourrisson
Fragile et blessé
En attente d'une mère consolatrice

Mais je me suis réveillé
Agonisant de désespoir
Car tout me rappelle
Que tu n'es pas ma mère
France

Douceurs

Sur tes rives en fleurs où j'aimais,
Enfant fou de douceur et de tendresse,
Aller m'endormir,
Mourir à me perdre infiniment
Dans tes cheveux verts de joie,

Sur les bords du fleuve doux et limpide
Où j'aimais à paître,
Enfant fou de nature,
Mon cœur et mes chèvres en symbiose,

J'ai plus d'une fois laissé
Mon âme étalée, abandonnée là,
Seule, toute seule,
Sans moi qui m'en fus souvent seul avec mon corps
Dépouillé de son essence ;

Et je me sentais vidé, telle une chèvre éventrée,
Dédoublé entre moi et un autre,
Perdu en moi-même et dans ta belle prairie,
Fou de toi et de je ne sais quoi d'ineffable,
Rempli de toi, te remplissant …

Et je me sentais je ne sais trop comment le dire :
Ivre de douceur, ivre de folie,
Saoul de tendresse, d'une douce tendresse ;

Je t'ai bue, tu m'as mangé ;
On pratiquait un rite encensé,
Tu m'as communiqué tes secrets,

Je t'ai donné ma force :
On était en parfaite communion,
Une sainte et douce communion
Qui n'est connue qu'entre les dieux.

J'ai faim de toi, cher pays,
Doux pays dans les seins duquel
Baignent mes racines.

Douleurs

Je rêvais des plus douces choses de la vie,
Je rêvais du plus bel avenir,
Mes jours paraissaient roses,
Livides et émeraudés,
Couleur saumon, couleur aurore,
Couleur flamant rose ;
L'arc-en-ciel me souriait
Partout sur les bords du fleuve de ma vie.

Par monts et vaux,
Par toutes les vallées,
Par tes plaines et prairies,
Par toutes les verdures qui font ta beauté,
Ton charme et qui te subliment,
Je courais, tel un enfant
Qui gambade sur l'immense poitrine de sa mère,

Je cherchais le miel que tu caches au plus profond de ton être,
Je courais, courais sans me lasser,
Je fouinais dans ta huche, tes bois et tes secrets,
Je cherchais l'indicible bonheur de tes seins ;
Je me perdais sans m'éreinter
Dans l'infinie grandeur de tes réserves
D'amour, de bonté, de tendresse et de largesses.
Je me suis enivré de toi,
Je me suis enivré de tes dons en profusion.

Mais au beau milieu de mon bonheur enfantin,
Tes bras m'ont lâché.
J'étais abandonné au sort des flots cruels

Aux dents de molosses affamés,
Assoiffés de sang et de cerveaux fleuris,
Dressés, par les soins de tes fils infidèles,
A détruire tous les espoirs
Qui fleurissent sur les bords
De tes rivières vertes d'espérance.

Les vents, les grands vents
Qui sont liés à ton destin
M'ont poussé loin, très loin de toi,
Sur des rives malheureuses
Où je vois mon beau destin, mon bel avenir
Se transformer en une source
Où ne coulent que des larves incandescentes
D'un volcan éternel
Dans mon cœur, foyer propice,
À tout jamais dressé.

Mes pleurs baignent tes seins,
Et ta poitrine, réceptacle de malheurs,
Devient une rivière empourprée
Où échouent les complaintes
De mes yeux fatigués,
Remplis d'orages et de haine.

Mère chérie, je t'aime et te révère.
Hélas, les douleurs de ton fils
Te noient dans un étang profond
Que tes cristaux jadis de perles et d'or,
Aujourd'hui pourpre vermeil,
Alimentent de tes larmes de sang.

Et tes fils, sur tes rives endolories,
Dansent insouciants,
Et se gaussent de tes malheurs
Et s'entrecoupent les têtes
Et répandent, joyeux, le sang de leurs frères,
Pires que Caïn. Ils se réjouissent
Du spectacle infâme ; leurs mains
Cherchent, insatiables et allègres,
Du plaisir, du plaisir, dans le temple de l'horreur
Où ils offrent leurs victimes
Aux dieux du sang et de la mort.

Mère chérie, je t'aime,
Mais je hais mes frères avec la plus grande rage et colère.
Je porte un deuil éternel dans mon cœur,
Je porte nos deuils à tous deux ;
Dans mon cœur se dresse un géant linceul.

Mère chérie, quand tes yeux auront cessé de pleurer,
Quand tu iras te reposer éternellement
Dans la douce et bienheureuse demeure,
Mes yeux te pleureront à distance.
Et si jamais je m'en allais vers mes frères avant toi,
Pleure plutôt de joie
Que je sois arraché à ma cruelle misère
Et, surtout, ne réclame pas mon corps ;
Laisse-le poursuivre son destin de souffrance,
Entraîné par le courant de la fâcheuse rivière
Qui l'emmènera vers son destin final :
La perte dans les ténèbres de l'infini,
Auprès de tous ces collègues
Sur qui l'histoire a jeté son ombre la plus épaisse.

Je n'appartiens à aucune terre,
Je suis un apatride.
Que mes dépouilles soient jetées aux chiens,
Où que je meure.
Mère, tendre et douce mère,
Je ne t'appartiens plus,
Ne me réclame plus.

Je suis l'enfant de l'Espace et d'aucun espace,
Je suis dans l'univers un atome perdu,
Je ne suis ni à toi, mère,
Ni à aucune patrie,
Je suis un atome abandonné et vagabond,
A rien attaché au monde,
Qui a perdu son magnétisme
Et qui est poussé partout en des champs hostiles.
J'erre dans l'univers des êtres,
J'erre dans le vide,
N'ayant rien auquel m'accrocher.

Je suis Joseph par mes frères vendu
A l'esclavage et la misère.
Dépouillé et rejeté par l'espace,
J'ai cherché à marquer le Temps et à lui appartenir,
Mais hélas, en vain ai-je cherché
À laisser mes empreintes sur le temps
Car on ne peut marquer le temps
Sans avoir un espace qui vous accueille,
L'espace-temps est un,
L'espace et le temps sont dans un lien
De consanguinité indéfectible.

Mais moi j'appartiens seulement au temps
Et à aucun espace,
Et mon temps n'est que nycthémère illusion,
Un mirage à mes yeux seul dressé,
Ni vu, ni même imaginé par autrui,
Complètement inconnu.
Oui, je suis un géant mirage
Qui n'existe que pour moi.
Je suis le néant jeté dans le vaste Vide
Peuplé d'êtres et de choses.
En vain je veux m'accrocher
Au temps. En vain, en vain
Je veux exister :
Je suis la rupture entre l'espace et le temps,
Or je ne puis être
Que si j'appartiens à l'espace-temps.
Mais aucun espace ne m'accueille,
Donc, je ne suis pas,
Dans un monde qui est
Et qui n'est pas non plus.
Nous sommes donc, ô Monde,
Toi et moi, vide, néant,
Un gigantesque mirage !

Mais quoi ? Ô Monde,
O Espace, tu es et je suis.
O temps, tu es et je suis.
Mais je ne suis à rien accroché.
Je suis l'apatride
Qui cherche sa place partout
Dans un monde fermé.
Je verse des pleurs cramoisie
Dehors à l'entrée des portes des nations.

Mon âme, océan de douleurs,
Meurt chaque jour
D'être rejeté
Dans un monde
Qui n'est à personne mais auquel
On me refuse partout l'accès.

Dehors, derrière les portes du Monde
Je répands mes pleurs
Et bientôt je noierai l'Univers
Des larmes éternelles
Qui émanent de mes cristaux en feu.
L'Humanité aura mérité
Le fracassant déluge
Qui l'aura submergée,
Que sur elle mon cœur
Pendant un siècle de pleurs
Aura déversé.

Mère, nos douleurs et nos déceptions sont communes,
Nous sommes liés par un destin
Sur nos têtes planté
Qui nous condamne à errer
Dans le désert immonde de la vie.
Haïssons tes fils et mes frères.

Misère

Le vent nous essaime, pollens errants,
Sans destination fixe et partout destinés.
Tous rassemblés et unis aux pieds de notre mère l'arbre,
Un jour, le destin nous remue
Et nous induit à vagabonder malgré nous
De par le monde.

Une fois au gré de l'espace et du vent,
Nous n'avons plus de volonté ni de désir,
Notre barque se dirige,
Emportée par les turpitudes de l'existence,
Vers des terres lointaines
Que nos graines vont coloniser et peupler.

Ici nous sommes plantes rares et recherchées,
Là nous sommes l'ivraie indésirable
Qui attire sur nous le courroux des dieux ;
Nous sommes tous des enfants de la misère.

Et qu'importe le sort, bon ou mauvais, qu'on nous fait,
Nous sommes toujours des enfants de la misère.
Qu'on soit bien intégré ou sans cesse rejeté,
Nous sommes toujours enfants de la misère.
On traîne après soi les plus vives douleurs,
On est à tout jamais perdu
Tel le pollen qui va peupler d'autres terres,
A tout jamais parti, pour ne plus revenir.

Le vent nous pousse, nous jette loin,
Loin, très loin de nos chers.
On les quitte, on les laisse une fois pour toutes.

Jamais, jamais on ne revient quand on part.
On traîne une éternelle douleur,
On est toujours malheureux même dans le bonheur,
Car on porte toujours les blessures
Des racines coupées,
Lesquelles saignent à n'en jamais finir.

On n'a qu'une terre, qu'une patrie.
L'arbre n'est bien que là où il naît,
Planté et enraciné,
Qu'importe, sur un sol parfois fertile
Et parfois infertile.
Quand on migre,
L'arbre s'arrache du sol.
Le choc du déracinement,
La blessure des racines coupées
Ne se guérit jamais.
Une partie de soi est partie,
Une autre est restée,
On se détruit :
Les racines meurent sans le tronc,
Le tronc végète ou meurt
Sans toutes les racines
A son pied incrustées.

Ô douleur intense
De voir les perles d'une nation se répandre,
Telles des graines qu'on sème sur des terres lointaines,
Jetées partout par punition des dieux
Pour former des peuples sans liens,
Devenus de parfaits étrangers !
Pauvres générations perdues
Dans la tourmente de l'émigration !
O drames de la vie, ô drames de l'existence !

O frère qui vantes
De l'immigration les bienfaits,
Tu y as sans doute trouvé
Mille perles, mille diamants
Qui emplissent sans doute chaque jour
Ta vie d'un ineffable bonheur
Ou d'un géant mirage.
Mais moi, je n'y vois
Que douleurs, misère et souffrance :
Des familles entières se dispersent,
Des liens se détruisent ;
Des familles se perdent,
Des nations s'affaiblissent.

Je porte, je traîne des années de douleur,
Je cueille constamment des épines
Sur ma route dressées
Pour me frayer un passage
Chez l'étranger,
Mais j'agonise dans le sang
Sur mon corps répandu
Par les ronces de l'immigration.
J'entrevois à mille lieues les roses,
Mais elles me sont défendues
Et point de routes pour y accéder,
Toute ma route d'un bout à l'autre
N'est parsemée que d'épines géantes.
La terre n'est pas ma patrie,
Mais hélas je n'ai pas de patrie.

Illusion II

Toi jeunesse que je croyais éternelle,
Toi dont les ailes splendides et majestueuses
Touchaient les portes du ciel,
Toi qui volais, fière et hautaine,
Par tous les pétales des fleurs
En sucer la substance et qui revenais,
Orgueilleuse et prude, conter tes hauts faits
A toute la terre en admiration à tes pieds,

Jeunesse, douce et vaine jeunesse,
Toi qui venais constamment frapper à ma porte
Pour m'inviter à rire de la vie
Que nous narguions de milles railleries,
Toi jeunesse, folle et belle jeunesse
Avec qui j'ai dansé, couru, gambadé
Et fait toutes mes folies,

Toi jeunesse, jeunesse, ô jeunesse éternelle
Qui m'as bercé de tant d'illusions,
D'espoirs et de folâtreries,
Toi jeunesse, ô jeunesse mon amie
Avec qui j'ai passé les meilleurs jours de mon existence,

Où es-tu donc passée ?

Où es-tu donc allée te cacher ?
Serais-tu partie me laissant seul
Et laissant la vie prendre sa revanche sur moi ?
Des sillons sur mes joues creusés
M'inquiètent sur ton sort.

Serais-tu morte ?
M'aurais-tu abandonné ?
Serais-tu en train de te gausser de moi,
Comme jadis nous le faisions de la vie ?

Ah! méchante jeunesse,
Je n'aurais jamais cru qu'un jour
Tu te moquerais de moi,
Tant nous avons été complices !
Vas-y, montres-moi tes dents
Qui se moquent de moi !
Vas-y qu'on en finisse,
Puisque mes joues plissent
Quand j'essaie de rire,
Laissant une forte impression
Que c'en est fait de mes vingt ans.

Et toi jeune homme qui dans la fierté de tes vingt ans
Me regarde avec des yeux moqueurs,
Sache que dans peu tu essuieras aussi
Le regard sévère et moqueur
De la génération d'après.
Jeunesse n'est éternelle que pour Jeunesse,
Elle ne l'est pour personne.
J'étais comme toi, tu seras comme moi,
Il n'y a que le Temps qui soit éternel, pas nous.
Le temps passe sur nous, mais il reste pour lui-même.

Ô méchante jeunesse,
Nous t'avons pourtant aimée !

Révélation

Et par-delà les mers, les mondes infinis,
Se livre à nous mortels l'insondable mystère
Des secrets éternels, des jours indéfinis.
Les ombres de la nuit obscurcissant la terre
Ont partout répandu ténèbres dans les cœurs
Jusqu'au jour où survint l'ineffable lumière
Chassant l'obscurité dans les cœurs agités.
L'Astre des Âges, l'éternel Je Suis,
Est descendu, laissant beauté et gloire
Pour se soumettre à la moquerie du temps
Et des damnés, vendus à l'esclavage
Et asservis aux puissances infernales.
Il vint, lumière ineffable et douce,
Condamner dans sa chair
Les forfaits de l'espèce et indiquer la voie
Qui libère. Il vint semer sur des terres arides
L'espérance et la vie, la bonté et l'amour,
Dans l'espoir de sauver quelques graines,
Encore capables de vie, de la putréfaction.
Constellation éclatante et resplendissante,
Sa splendeur à jamais éblouissante
S'est ternie par la nappe endeuillée
De l'incrédulité des esclaves infidèles.
Ô race vendue qui chemine
Dans les ténèbres obscures du noir dessein
Et du destin obscur,
Race perdue dans la béante plaie infecte
Du Mal qui gouverne tes sens pervertis,
Race perfide à la puissance des ténèbres livrée,
L'incommensurable Bonté t'appelle

A venir à sa Source infinie boire et puiser
Force et salutaires ressources
Pour dompter tes instincts et ton humaine nature,
Source de conflits et de maux cosmiques
Livrés en toi et tournés vers les Hauteurs
Saintes, vers les cimes éternelles.
Ô humaine nature, source infinie de malheurs,
Entre donc dans la douce lumière du salut et du pardon !
Que tardes-tu ? Que tardes-tu ?

Manou

A ne penser qu'à toi s'épuisent toutes mes nuits.
Et ma couche, océan profond de mes larmes
Où flotte mon cœur en proie aux assauts de ton âme,
Me confronte à la tyrannie d'un amour insensible
Où tous mes souvenirs viennent comme en sommeil
Me rappeler sans cesse toutes nos folâtreries
Et les douces heures passées dans tes bras.
Mes yeux jamais fermés mais toujours en éveil
Me pressent rudement dans un étau horrible
Où d'agréables images défilent à n'en point finir
A la surface miroitante des eaux de ma conscience,
Et je me sens enfermé dans la prison de ton cœur.
Douceurs, souffrances, soupirs se mêlent
Dans un décor champêtre, confus et harmonieux
Où s'exhale je ne sais quel suave parfum
De douleur et de bonheur, de bien-être
Et de douce misère. Ma foi, j'aime,
Ainsi qu'un vieux fou, un poète pauvre diable,
Ces instants mitigés, ô délices ! seules images
Qu'il me reste de toi, après l'usure du temps
Cruel et les aiguillons sévères de l'espace insensible
Qui déploient sur notre amour leurs ailes de vautour,
Voiles épaisses qui séparent nos cœurs
Pourtant à jamais unis dans un destin éternel.
Je meurs d'envie de déchirer de l'espace les voiles,
De réduire les distances de l'espace-temps ;
Je prendrai de l'aigle la majestueuse envergure
Pour fendre les distances et m'envoler
Vers ton cœur, vers tes seins qui végètent loin de moi.
Ah Manou, Manou, douce Manou, pauvre Manou,
Soyons victorieux du temps et de l'espace !

Confusion

Petite fille svelte de beauté et de velours façonnée,
Couleur mi-aurore, mi-soirée, couleur de poésie,
Couleur soleil couchant et d'astre doré,
Divine enfant à la grâce mille fois envoûtante
Et aux charmes ensorcelants et démoniaques,
Ah ! si j'étais peintre et poète, sculpteur et artiste,
Je t'immortaliserais à travers une œuvre
Qui en rien ne pourrait reproduire ta véritable nature
Mais qui aurait pour objet de te faire traverser
Les temps sans usure et sans crainte
D'être un jour fanée ou de tomber dans l'éternel oubli
Qui est le lot commun des communs des mortels.
Je t'immortaliserais, étincelante étoile,
Bel astre, source merveilleuse où grouillent
Mille charmes, mille tendresses, mille douceurs,
Mille beautés, mille indicibilités, mille ineffabilités …
Je te chanterais de mille chansons d'amour,
Je te dresserais la plus belle, la plus gigantesque statue,
Je te vouerais le plus beau poème…
Ô Bou, je suis confus, je ne sais plus,
Je ne sais point…je…je.., je t…je t…t…t…je t.t.t, j…
Je te chanterais, te peindrais, te sculpterais, te, te, ah! te, t…
Je te ferai un triple nid de paille et de verdure,
De branches, d'amour et de tendresse
Pour couver, sereins, nos trois chers oisillons
Que Dieu nous aura bientôt donnés.
Entre temps, couvons dans nos seins tièdes de douceur
L'amour inébranlable que nous nous portons l'un l'autre.

A mon fils chéri.

Sais-tu, fils chéri, l'immense grandeur
De l'amour qui remplit mon cœur pour toi ?
Sais-tu, Andou mon chou, toute la profondeur
De la tendresse que j'ai pour toi ?
Tu me demanderas sans doute un jour pourquoi,
Pourquoi n'ai-je pas vécu à ton chevet ?
Pourquoi t'ai-je laissé tout oisillon sans défense,
Pauvre oiseau blessé, laissé sans soins,
A la merci d'une cruelle vie sans cœur,
A la merci des faucons qui rodaient, insatiables,
Autour de ton nid, cherchant l'occasion
De faire des délices de ton innocente chair ?
Mais sais-tu combien de mers ai-je rempli
Des larmes de douleur que j'ai versées sur ton berceau ?
Sais-tu combien mon cœur a-t-il saigné
Devant l'injustice dont nous avons souffert,
Toi et moi ? Sais-tu mon pauvre enfant
Que j'ai pourtant gardé jalousement ta niche à distance ?
Sais-tu combien de fois ai-je failli me noyer
Dans l'immense océan creusé par mes larmes ?

Ma couche n'a jamais été un gîte tranquille,
J'ai versé mille pleurs, j'ai rempli mille mers
De mes pleurs intarissables, ô douleurs éternelles !
Je n'ai jamais rempli autant de lacs, d'océans et d'étangs
Du sang qui coulait de la source fertile de mes yeux
Que pour le malheur d'avoir été poussé
De quitter notre chaume etnaïque et infernal.
Je n'ai jamais pleuré de sang
Au cours de ma brève existence insipide

Que pour avoir été jeté dehors, loin de toi,
Loin de ton nid, loin de ton regard de petit ange
Innocent, loin de tes yeux immaculés…,
Loin de ta douceur toute blanche d'innocence,
Loin de ta fragilité, loin de ton besoin d'un père présent,
Omniprésent, loin de ton naturel besoin
D'une douce chaleur pour couver ton nid.

De trop pleurer sur ton pauvre sort,
Mais sur le mien aussi, presque aussi malheureux,
De trop remplir les rivières, les fleuves,
Tous les cours d'eau, toutes les sources,
Tous les ruisseaux, tous les étangs, tous les lacs,
Tous les océans, toutes les mers de l'univers
Des larmes de mes yeux, larmes de pourpre et livides,
Ma source s'est tarie, elle s'est asséchée
Au point où plus jamais je ne trouverais point
Une seule goutte à répandre sur l'éventuel malheur
De quelque proche que ce soit à l'avenir, fût-ce,
A Dieu ne plaise, mon pauvre fils chéri,
Toi-même. J'ai épuisé toute l'infinie réserve
De la sève saline de mes yeux fatigués
Sur l'insolence et la méchanceté de celle
Qui n'a point pensé à toi en me jetant dehors
Tel un va-nu-pieds, moi qui fus pourtant
Ou qui voulus être le meilleur des pères,
Moi qui voulus t'assurer le plus bel avenir,
Les meilleurs jours, et te combler
De tout ce dont tu pouvais avoir besoin.

J'ai cependant consenti le plus grand sacrifice
Pour être à tes côtés, pour te protéger
Et t'éduquer ainsi que j'ai eu le bonheur de l'être

Moi-même par mes parents, mes seuls modèles.
J'ai accepté de me vautrer dans la saleté,
Tel un porc, pour le bonheur de pouvoir t'assurer
La meilleure éducation qui soit ; si tu savais !
Mais hélas, l'idiotie et l'inéducation de l'un
Ont eu raison sur l'amour et la raison de l'autre.
Ah ! l'instinct paternel n'a pas su vaincre
Ni même convaincre malheureusement
L'Insolence et l'irresponsabilité …
Et j'ai payé un mal dont je suis innocent
De mille souffrances qui me tenailleront
Encore toute ma vie, le sais-tu ?

Un père, fiston, n'a pour mission que de protéger
Ses enfants, sa famille, sa maison.
Jamais il ne sera excusable d'avoir laissé
Les fruits de ses entrailles livrés à eux-mêmes
Et à la merci de tous les fauves et faucons de la vie.
Mais sans chercher d'échappatoire, fils chéri :
Il ne faut jamais courir
Après l'illusion du bonheur
Que certaines âmes prétendent offrir.
Il ne faut peut-être même pas
S'engager dans la vie,
Si le seul motif devait être ce qui frappe le regard.
La valeur à rechercher est celle qu'on ne voit pas.
Ferme tes yeux et ton cœur
Aux chuchotements de l'Illusion,
N'écoute jamais la voix de la parure extérieure
Qui ne peut rien offrir que nycthémère vanité,
Tu échoueras dans le plus béant des précipices.
Écoute plutôt la voix douce et chatouilleuse
De l'autre cœur qui à ton cœur parle un langage profond.

Détourne tes yeux de l'éphémère ruche,
Source infinie de malheurs et de remords.
Fuis l'insolent ruisseau qui te mène à l'océan des regrets
Où tu boiras mille litres d'absinthe.
Écoute plutôt le doux murmure
De la source merveilleuse qui foisonne
De mille abeilles butinant leur ruche, là,
Au pied de l'arbre qui abrite le ruisseau d'amour,
La source du bonheur et la ruche du bien-être familial.

A Marie Angelina, ma mère

Maman,
Si tu n'existais pas,
La nature aurait manqué un élément
Essentiel à sa perfection.

Si tu n'existais pas,
L'Œuvre de Dieu aurait été imparfaite
Et il lui aurait fallu
Y revenir immanquablement,
Pour te créer, toi, le couronnement de la Création.

L'univers aurait été
Sans douceur, sans sagesse,
Sans bonté, sans grâces,
Sans innocence, fade, morose,
Moche, morne, grossier,
Sans charmes, sans roses, sans rires, sans gaîté,
Plein d'ennuis, plein de tristesse, plein de soucis, plein de misère.

Puisse le monde s'emplir
D'autant de bonté, de charmes,
De tendresse, de gaîté, de douceur, de sagesse
Que ton humble chaume
Où nous avons eu tout ce bonheur
Qui nous marquera toute la vie !

Si tu n'existais pas, maman,
Je n'aurais point connu de tendresse, ni de douceur.
Si tu n'existais pas,
Je n'aurais point connu l'amour,
Le monde aurait été privé de l'essentiel.
Tu es à toi seule tout un monde de douceur,
De merveilles et d'amour.

Le Fardeau de l'intellectuel noir en France

Nous traînons malgré nous en France
Une lourde croix sur nos épaules dressée,
Dont la taille va du sol jusqu'aux cimes des cieux.

Nous portons malgré nous en France,
Comme des criminels qui expient
Un éternel châtiment sur notre race jeté,
Un étrange tribut d'une étrange texture.

Être mouche dans un pot de lait
Est déjà une immense insulte
Tant au lait qu'à la mouche injuriés,
Être intellectuel de surcroît
Est par-dessus une insupportable gifle
Au pot et au lait, tous deux insultés,
Et un motif sévère d'ostracisme
Pour le pauvre insecte intello.

Nous voici à l'autel des offrandes
De notre race aux dieux de nos malheurs.
Ces derniers, exigeants, ne veulent pas
De nos peuples les plus simples objets ;
Ils réclament les plus beaux, les plus robustes
Et les plus en santé parmi nos animaux
A l'autel amenés pour y satisfaire
Leur insolite désir sanguinaire.

Ces dieux, qui dans toute notre histoire
N'ont toujours réclamé que les meilleurs
De tout ce que nos mains

Ont cultivé et produit,
Veulent une libation pure et sans tâche
À broyer sous leurs dents avec rage
Et une douce délectation sanguinaire.

Ils trient leurs victimes, ils les trient,
Tels les marchands au marché
Qui surenchérissent
Parce qu'ils payent de leur propre argent.
Mais ici ils ne paient rien,
Ils tendent simplement leur panier libatoire
Pour recevoir des plus nobles lignées
Les plus belles offrandes
De notre race arrachées avec sadisme,
Un sadisme bon enfant et joyeux
Jeté sur nous avec mépris et joie.

Ils ferment les yeux sur nos frères, les simples,
Ils les dédaignent, ces pauvres éléments
Sans valeur encensoir pour leurs dents,
Leurs yeux et leurs narines.
Ils ne s'intéressent qu'à ceux d'entre eux nous
Qui ont été élevés dans les plus beaux palais,
Dans les plus somptueux temples grecs
Du Tout-savoir, de la science infuse,
Afin de châtier la race et la vilipender,
Comme s'il pesait sur sa tête
Un éternel forfait que ne peuvent expier
Que seules les offrandes de valeur.

Et nous sommes par malheur les offrandes
D'une odeur sainte et agréable
Aux narines enchantées de ces dieux criminels

Qui nous condamnent à payer
Une dette propitiatoire lourde et méchante.
C'est un bien grand malheur en France
Que d'être élevé dans les jardins de Sophos
Quand on est noir, maghrébin ou arabe,
Mais surtout quand on est fils d'Ébène.

L'Automne

L'étang se recouvre de feuilles,
De feuilles mortes qui ont cessé de vivre
Et qui finissent au tombeau,
Au tombeau de l'eau dormante.

L'étang se recouvre de feuilles,
De feuilles qui trempent leurs dépouilles
Dans l'eau mi-douce, mi-saline
Pour former une liqueur mortuaire
Au goût fade et acide
Qui renvoie le parfum âcre et fétide
Des jours moroses qui annoncent l'hiver.

L'étang pleure en silence
Sur les cimes des arbres dénudés,
Il va partout sur les rives malheureuses
De la forêt qui l'encercle leur murmurer
Une douloureuse complainte amère
Qui trahit dans sa voix déçue
L'agonie ressentie de la perte pour deux saisons
De la douce fraîcheur des bois.

Les arbres pleurent à chaudes larmes
Sur leur nudité, telle Eve dans le paradis.
Ils pleurent sur leur innocence perdue,
Telle la compagne d'Adam sur le drame
Du péché qu'elle accordait au serpent.
Leurs feuilles disparues, symbole
D'une innocence perdue pour un temps,
Leur font verser mille pleurs,

Mille gouttes de larmes
Que l'étang reçoit malgré lui
Avec une peine immense.

Il aime à les voir tout verts de joie et de beauté.
Ils sont compagnons, liés par un destin commun :
Douleur des uns, tristesse de l'autre.
Ils s'aiment d'un amour doux-nature,
Ils vont partout dresser ensemble leurs aventures
Tels deux amis, deux frères.
Ils vont partout ensemble
Offrir leur joie aux pieds de leurs conquêtes,
Tels des amants fous qui vont cueillir des roses
Qu'ils offrent avec bonheur
Aux filles roses de jeunesse.

L'étang est triste mais offre sa consolation
À ses amis dévêtus par le temps :
Il prend leurs pleurs et les boit
A grande gorge, d'un trait,
Sachant qu'il ne leur faut que peu de temps
Pour retrouver leur innocence volée.
Il essuie les larmes de leurs yeux apeurés
En les leur buvant à grande gorge.

A bientôt Printemps, doux Printemps
Qui leur redonnera leur joie violentée,
Arrachée par la méchanceté du temps
Insensible et cruel. Maintenant
Deuil sur la forêt et sur les rives.
Le cycle repart.

Sacrifice

Non, je ne t'achèterai pas de roses,
Non, je ne te cueillerai pas de roses,
Il y a peu de forfait à te les cueillir
Et encore moins à te les acheter,
Je te les volerai, je te les volerai.

Il n'y a pas de plaisir, il n'y a pas de joie
À les acheter. Il y a peu de plaisir,
Peu de joie à te les cueillir sans peine,
Il n'y a pas de sacrifice à les faire,
Et cependant ton cœur magnanime
Demande un geste fort et sacrificiel :
Je te les volerai, je te les volerai.

Il faut qu'on me surprenne
En train de les voler,
Il faut qu'on me surprenne,
Tu le mérites. Il faut un geste fort
Pour mériter ton cœur,
Pour mériter ton amour,
Je les volerai, je les volerai.

Il faut un geste fort pour ton cœur magnanime,
Il faut qu'on me surprenne
En train de les voler.
Dis-moi, à quoi sert-il de les voler,
Si on ne me surprend pas en train de le faire ?
Sinon, il vaudrait mieux
Les acheter ou les cueillir.

Je ne t'achèterai pas de roses,
Je te les volerai et te les cueillerai,
Je ne t'achèterai pas de roses,
Je te les cueillerai et te les volerai,
Je ne t'achèterai pas de roses,
Je te les cueillerai, les volerai, les cueillerai,
Je te les volerai et te les cueillerai.

Et si je dois te les cueillir,
Il me faut bien passer
Par des chemins semés d'embûches,
De ronces et de grosses épines.
Il faut que les épines me blessent,
Sinon il n'y a pas de bonheur,
Ni de plaisir à aller te les cueillir,
Si c'est pour ne trouver aucun obstacle.
Il faut que les ronces me blessent.

Une rivière pourpre doit couler,
Doit couler de mes pieds,
Doit couler de mes doigts
Pour mériter ton amour,
Pour mériter ton cœur ;
Sinon il ne sert à rien, à rien
D'aller te cueillir des roses.

Je te volerai des roses,
Je te cueillerai des roses.
Il est grossier de te les acheter.
Rien ne peut valoir ton cœur,
Rien ne peut valoir ton amour
Que quelques coups de bâton,
Que le sang qui coule de mes pieds

Quand je traverse les champs épineux
Pour aller te les cueillir.
Je te cueillerai des roses sous le sang,
Je te volerai des roses
Sous le regard du jardinier.

Désintéressement

Si tu veux, mon fils, dresser ton autel
Dans le beau et vil temple de Ploutos,
Si tu veux du monde en avoir le contrôle,
Si tu veux plaire aux masses livrées à elles-mêmes
Et faites pour se prosterner
Devant de vulgaires dieux pauvres diables,
Si tu veux de par le monde briller,
Si tu veux être le dieu que partout foules vénèrent,

Si tu veux être des femmes perdues
Dans les forêts de l'Inculture l'idole,
Si tu veux détenir la clé de l'auberge de Vanité,
Si tu veux partout mettre tous les hommes
À tes pieds vaniteux,
A genoux et courbés
Devant un front orgueilleux,
Si tu veux être l'un des rares dieux
Qu'on adore encore,

Sois dans le show-biz.
Sois dans le ciné ou la chanson
Ou dans les sports, quoi d'autre ?
Et tu verras que même les plus puissants
S'inclineront à tes pieds,
Car tu apporteras beaucoup d'oseilles
Dans les paniers du fisc.

Ne va jamais officier dans les temples de Sophos,
Ne va jamais offrir tes offrandes
À ce dieu longtemps détrôné

Par les pouvoirs redoutables de Nullus.
On rira de toi si tu parles
Encore du Grand dieu Sophos.
Sophos n'est plus depuis longtemps
Qu'un petit dieu pauvre diable
Dans les autels duquel ne va plus personne.

Nullus et Pecus ont de Sophos
Détruit le Temple pour y placer
Leur vulgaire autel où ne vont adorer
Que de vulgaires personnages.
Peu de gens sérieux y trônent comme dieux
Ou y officient comme prêtres.
Et ces rares sujets auréolés
D'un certain mérite
Ne sont que chez Ciné,
Le dieu qui garde encore de Sophos
Les valeurs transcendantales.
Phonos, lui, ne donne
Que quelques-uns,
A peine comptables sur les doigts.

Ah fils chéri, si tu es par les foules attiré,
Si tu es par la gloire intéressé,
Si tu veux sur le monde imposer ton empire,
Va chez Pecus ou Nullus
Exercer ta prêtrise.
Ne suis pas les voies tracées
Par ton vieux père,
L'un des tout derniers disciples
De Sophos aujourd'hui méprisé.

S'il reste encore au monde
Quelques gens désintéressés
Qui veulent encore aller servir
Sur les ruines de ce dieu
Jeté dans les ténèbres de l'oubli,
N'y sois pas toi-même.

Mais si par malheur ou par bonheur
Le vent te pousse vers les temples abandonnés
De Callos et du vieux Sophos
Sur les champs desquels ne se promènent
Encore que quelques calliphiles et sophistes
Pauvres diables qui ne vivent que de verbes,
Va tranquille ton chemin,
Sans penser aux malheurs qui t'attendent.

Sache que tu n'auras de pain que d'air,
De bonheur que ton plaisir dans les mots,
De gloire que la raillerie des incultes,
D'admiration que le mépris des nuls.

Sache que les lieux d'adoration de Sophos
Sont profanés par les disciples
En délire de Pecus et Nullus,
Sache que tu ne vaudras que pour toi-même.

Ce n'est que par bonheur et par plaisir
Qu'on voit encore de par le monde
Des hommes, tige blanche à la main,
Ou toute autre matière assimilée,
Former des cerveaux et des mains
Pour perpétuer du monde l'essentiel :
Communiquer de Sapiens les valeurs,

Agir sur la nature en la civilisant,
Et sortir des ténèbres les masses condamnées
A végéter éternellement
Dans les profondeurs épaisses
De l'état d'inculture.

Ce n'est que par bonheur et par plaisir
Que certains désintéressés
Font fi de la folie du monde,
Regardent avec mépris
Les cadavres par tous recherchés et vénérés
Pour perpétuer les valeurs essentielles
Et continuer de donner un sens
Au monde chu dans les profondeurs
Les plus basses du grossier Pecus.

Fils, si tu veux de ton père suivre
Le salutaire conseil,
Concilie ces deux mondes
L'un l'autre aux antipodes.
Ne crache point sur Pecus,
Ni non plus sur Sophos,
Mais dédaigne Nullus.

La vieillesse

Ô pauvre vieil homme édenté
Qui craches la faiblesse
Dans tes membres ressentie,
Pauvre homme qui aux jours de ta jeunesse
Ne pensais point
À ces jours-ci
Qui marquent la fin prochaine
De ton passage nycthémère
Dans l'aventure de l'Existence,

Ô pauvre vieil homme qui autrefois,
Aux jours de ta jeunesse
Et de tes pires folies,
Soumettais mille sujets,
Et mettais mille prudes à tes pieds,
Hélas le Temps seul est maître à bord,
Contemple, revis tes jours d'antan
Dans les aventures chevaleresques
Des tes petits et arrière-petits enfants.
Ton temps n'est malheureusement plus,
La nature, malheureusement, en décide ainsi.

O pauvre homme, n'aie aucun regret
Devant ces roses qui sclérosent ton regard,
Tu en as cueilli mille milliers dans ta vie.
De grâce papi, ne regarde point
Avec regret, remords et jalousie
La vallée de l'insouciance et des plaisirs,
Tu l'as déjà mille fois traversée.
Aujourd'hui, Jeunesse est seule

Admise à y courir avec passion
Et à poser sur ses fleurs embaumantes
Ses ailes folâtres et insouciantes.
Va tranquille ton chemin
Dans la joie et la paix
D'avoir eu des dents et mangé,
Au cours de ton passage éclair
Dans la vie, des pommes à n'en point compter.
Un temps va s'arrêter,
Mais le Temps continuera ;
Hélas, il en est ainsi de la vie.

Rage

Je crache ma colère
   Dragon furieux
      Dans une complainte
        Blanche et ronde
Sur une société
    Jaune
      Aux
   Obscurs desseins
     Contre
Le Nègre
    Erigés
J'accuse
   En quadruples croches
      Ce blanc sourire
Sur tes lèvres
    Esquissé
        O France
A chaque fois
    Que sur ton oreiller
         Garni
      D'épines
       Roses
         Penché
      Tu
    Fais boire
      Au Nègre
     Qui soupire
      Et
       Implore
Sur tes couches
     Un sommeil paisible
   Cinq litres d'absinthe
       Et de fiel
    Et que tu le
      Fais dormir
       D'agonie
         Et de
      Souffrance
    Savamment
Et doucement infligée

Terres que j'aime et déteste

J'appartiens à deux terres
    Deux patries
        Que j'adore et déteste
            Elles sont la source
                De mon éphémère joie
                    Elles sont la source
                        De   mon
sempiternel malheur
            Je vous hais de vous avoir trop
aimées

Vaines chimères

Roses pensées
Projets roses
Roses desseins
Vous
Etiez
Nos
Rêves
Roses
Sur les rives
De notre
Adolescence
Jalonnés
Et
Jetés
Mais
Vous
N'êtes
Qu'ombres
Mirages
Et chimères
Dans l'écran
De
Nos verts désespoirs
Apparus
Et révélés

Ballade sur mer

Je voguerais, voguerais
Sur ton sein ;
Je marcherais, marcherais
Sur ta béante poitrine,
O mer, ô douce mer-mère.
Je téterais, téterais
Tes seins salés
D'où coule une source
De miel intarissable
Qui apaise les flots
De ma vie, tempête impétueuse,
Volcan qui crache
Mille larves à la croche.
O merveilleuse aventure
De pouvoir se promener
Sur les rives bienveillantes
De ta belle prairie bleue,
O mer, ô merveilleuse mer
Sur les seins de laquelle
J'aimerais tant m'endormir,
Tel un bébé dauphin
Sur le disque plat de sa mère
Etendu et la tétant
Allègrement.

Espoirs déçus

Je cueille dans les champs verts
De mes espoirs déçus
Les grappes de roses
Plantées sur mes illusions
      D'enfant
Je cueille dans les champs roses
De mes illusions noires
La blanche déception
Des ronces qui remplissaient
La toile de mes jours d'insouciance
J'attends ma dernière demeure
D'épines où je languirais
Eternellement dans tes bras
Tu n'auras été qu'une insensible
Marâtre pour moi
Mais je t'aimerai encore
Mère. O pays de mes langueurs

Je t'aime à la raison

Je t'arrose de mille pluies d'ivresse
Sur ton cœur déversées
Je t'arrose de mille postillons
De bonheur sur ta tête répandus
Je déverse sur ton âme
Assoiffée de douceur et de tendresse
Mille brumes de câlins frais et exquis
Je répands sur ton corps
D'ébène d'or huilé et de cuivre baigné
Déesse égyptienne aux mille appâts
Dix mille milliers de rosées
Et de perles recherchées
Je baignerais tes racines
De mille ruisseaux d'amour
Je jetterais à tes pieds
Grâce de mille constellations fabriquée
Mille bouquets de mille fleurs
Mais je t'aime à la mesure
De la raison
Car mon cœur a saigné mille fois
D'aimer à la mesure
De l'amour

JSF

Tu as embrasé le bosquet de mon âme,
Tu as par la flamme
Que tu as dans mon gite provoquée
Mis le feu dans le foyer de mon cœur.
Et ce cœur calciné,
Par la foudre de tes yeux
Et de tes grâces sur ma tête chue,
N'est que cendres
Et résidus malheureux
De l'infernal big-bang
Que ton être de grâce
Et tes charmes envoutants
Ont fait exploser
Dans mon pauvre être hélas !

Tu as asséché la source intarissable
            De mon cœur
Où toutes les fauves sauvages
Venaient se désaltérer
Dans l'eau inépuisable
De ce généreux ruisseau
Qui abreuvait mille cœurs, mille âmes.
Ma foi, je deviens par l'effet
De ta beauté qui a bu toute mon âme
Un désert aride et brûlant
Où nulle herbe, nul amour ne pousse
Depuis que ta bouche insatiable
A aspiré le souffle de ma jeunesse.
Tu es partie avec mon cœur
Que personne d'autre n'aura,
Je suis mort avec ton départ.

Hommage à l'enfant du Cameroun

Salut l'ami,
O Bill, l'enfant terrible du Cameroun,
Pragmatique disciple de Benjamin Franklin,
Toi qui de jour étais à l'UCP
Le Gentleman, l'intellectuel,
Et qui de nuit allais
Rafraîchir les lèvres en feu
De tout Paris par étés chauds
Sur les rives de la Seine
Avec ton timbre de gentilhomme
Anglophone aux accents
Colorés, riches et recherchés,
Toi qui ouvrais les portes closes
Des cœurs verrouillés
Par l'Administration franc-chaise
Par ton charme et ta dialectique,
Toi qui ouvrais tes poches à tous
Sans rien attendre en retour
Et dont les largesses méprisaient
La *vilitude* de ceux qui t'exploitaient,
Tu es sans doute l'un des rares hommes
Que le monde ait produits,
Et quiconque vit encore deux jours
Le verra : un grand destin t'attend.
Continue, ô mon très sage ami William,
De cultiver ton jardin et ton cœur,
Le monde en tirera un jour
Les meilleurs fruits rarement produits
Par un esprit positif et humaniste.

Monsieur le Professeur,

Honneur Monsieur le Professeur !
Mais je me suis abreuvé
Avec autant d'appétit et de folie
Que vous à la source de Sophos.
J'ai bu sans doute même
Avec plus d'âpreté et de plaisir que vous
A la fontaine de Kallos.
Il n'y a plus ni maître, ni esclave
A dit le Christ dans son sermon
Sur l'égalité des mérites :
Nous sommes, vous et moi,
Cher « maître », deux fils, deux frères
A disputer l'héritage
De Socrate, de Platon, d'Aristote.
Nous cultivons la même parcelle
De terrain à ces pères
Communs à nous deux appartenue.
Vous n'êtes peut-être qu'un grand frère
Sans avantage particulier
Sinon votre droit d'aînesse,
Absurdité de convention.
Vous n'êtes ni plus riche,
Ni plus pauvre que moi,
Je ne suis ni plus petit,
Ni plus grand que vous.
Nous portons tous deux
Les gênes des mêmes pères,
Nous sommes tous deux
Fils de la très sage Sophia.

Vous avez en fait deux avantages sur moi :
Vous êtes à votre terre attaché
Par des racines
Profondément incrustées à l'arbre
Et jamais coupées.
Vous êtes aurore,
Vous êtes mousse, écume
Et nappe blanche
A la surface d'une eau drapée,
Tandis que moi, les dieux
Me condamnent à errer
Sans jamais m'attacher à une terre.
Et je suis de plus obscurité
D'ombres fabriquée
Par les artifices de votre nation
Sur mille lumières construite.

« N », « V » in my mind

J'ai joué, j'ai joué
Du luth de ton cœur.
J'ai plus d'une fois interprété
Mozart, Chopin, Beethoven, Haendel
Au piano de ton sein.
J'ai souvent improvisé Ray Charles :
« N », « V », in my mind.
J'ai murmuré sans jamais me lasser
Tous les airs de jazz, de blues,
De soul, de swing et que sais-je ?
Tous les airs suaves, légers et doux,
Toutes ces œuvres d'art
Sans mesure de grandeur
A tes oreilles hélas
Insensibles au beau.
J'ai cherché à te plaire
Par mille grâces, mille douceurs,
Par mille roses sur ton lit
Chaque nuit à ton coucher,
Chaque matin à ton réveil,
Jetées avec une folle tendresse,
Par tout ce qui arrache l'esprit
A la laideur du monde
Pour l'élever sur les montagnes
De l'ineffable et du beau.
Mais ton cœur hélas asservi
Dans le sanctuaire du vil et du terre-à-terre
N'a point entendu mes chansons,
Et j'ai joué en vain
Du violon, du luth, du piano,
Et j'ai en vain donné

D'harmonieux concerts
A ton honneur et ta gloire.
Je t'ai en vain introduise
Dans les somptueux palais
De perles, de diamants, d'or,
De rubis, d'émeraudes et d'Art.
Tu ne peux seoir dans les hauteurs,
A chaque culture son monde, hélas.

Maître-chien

Il était sur une place assis,
Son amphithéâtre naturel.
Un fidèle disciple venait
A sa table spirituelle quérir
Son pain du jour à tremper
dans le vin fermenté du logos.
Cher Maître, par ce temps agréable
Où le soleil dans toute la splendeur
De sa royale majesté
Nous fait don de sa clémence
Et de ses divines largesses,
Me voici ton satisfait disciple
Au pied de ton arbre venu
Cueillir les fruits de ta sagesse
A tout curieux distribués
A profusion et gracieusement.
Ah monsieur, dit une vieille dame blanche,
Vous êtes maître-chien
Et de surcroît vendeur de fruits !
Mais comment concilier les deux métiers ?
Avez-vous déjà élevé bien des chiens ?
Je vous en ai tant éduqué Madame
Que j'ai le remords
De n'avoir pas servi les miens !
Mais je n'en ai jamais eu de ma vie !
Et cependant je vous en ai Madame
Eduqué des dizaines de milliers.
Triste dialogue qui reflète
Une dialectique de races,
Une vision méprisante de l'autre.

Madame, avance le disciple étonné,
Vous n'entendez rien à ce discours
Qui dépasse votre latin :
Monsieur n'élève que des chiens comme moi.
Pardonnez mon offense,
Rétorqua la vieille
Qui pourtant avait de la science,
Je n'ai jamais vu de noir maître
En France que de chiens.
Le monde a bien à mon insu changé.
Elle avait raison, croyez-moi,
Les docteurs noirs en France
Ne sont pour la plupart
Que maîtres-chiens ou vigiles,
Ou hommes de ménage ou des fous.
Notre Maître qui, chaque jour,
A la manière de Socrate,
Accouchait les esprits
Ou discourait sur les Sciences,
Sur l'Homme et la Société,
Etait en haillons repoussants :
Il refusait d'être, à l'instar de ses frères,
Maître-chien, homme de ménage ou vigile.
Il tirait son honneur et sa fierté dans la misère
Et l'enseignement socratique
Des sciences de l'homme,
De la société et du langage.
Il n'y a pas de place dans la France des lumières
Pour les Lumières noires.
L'obscurité blanche, par l'hypocrisie jetée
Sur l'histoire à dessein falsifiée
D'une civilisation sacrifiée,
A recouvert d'un épais linceul,

D'un gigantesque et long deuil,
La dignité de toute une race
Vilipendée et condamnée
A n'être jamais rien.
Un nègre dans le pays de Racine
N'est que maître-chien ou maître-rien.

Coïncidence

J'étais là comme très peu d'intéressés
Ecoutant les discours de professeurs
En grève contre les réformes universitaires
Décidées par le gouvernement.
Mon maître-chien n'était pas encore fini,
Heureusement ou malheureusement,
Il restait encore quelques vers
A ciseler, avec ou sans grâce,
Qu'importe, mais j'y travaillais.
Un des profs en colère
Contre le système *déplâtreur*
Tenait un discours sur l'universalité
Et le mélange des cultures,
Et sur le problème de la traduction.
Trois autres guettaient les arrivants
Afin de leur tendre l'évangile
De leur protestation : leur tract,
Avant d'intervenir chacun
Sur des sujets différents les uns des autres
Mais en rapport avec la Protestation.
Nous étions à peine deux dizaines
D'intéressés à écouter avec intérêt
L'évangile annoncé par ces « profs » protestant.
Mais quel esprit de clivage racial,
Quels préjugés faciès ou quel mépris
Historique sur une race d'hommes convoqué
Animait ces gens prétendument
Supposés être la lumière
Dans un monde assombri
Par les ténèbres du racisme ?

J'étais le seul arrivant auquel
On ne tendait malheureusement pas
La bible de la protestation : leur tract.
Or cependant, on passait, me frôlant,
Apporter le sacré, l'universitaire message
A tous ceux qui leur semblaient
Mériter qu'on le leur donne,
Tous Blancs comme la neige.
Le nègre pauvre diable
Leur semblait s'arrêter par simple curiosité
Ou par simple comportement
De mouton de panurge.
Ma tête hélas ne semblait pas
Laisser apparaître que je pouvais
Etre intéressé par les choses de l'esprit.
On se frottait à moi, on me souriait,
Mais pas question de jeter le pain
Spirituel des gens de lettres
Au petit chien inculte
Qui n'en fera rien d'autres
Qu'un vil et grossier torche-fesse.
Peut-on donc une comparaison tirer
Avec l'attitude du Christ qui disait
A un de ses interlocuteurs :
Il n'est pas bon de jeter
Le pain des enfants aux chiens ?
Quelle prérogative préserve-t-on
En clivant entre ceux qui doivent
Et ceux qui malheureusement ne doivent pas ?
J'ai pris soin d'observer
Des distributeurs l'attitude :
Tel est jugé universitaire
Ou capable de comprendre

Ou d'apprécier les choses de l'esprit,
Tel autre, moi seul, était sans doute,
Selon des préjugés nigristes,
Etranger à la communauté de lettres.
Et l'on me souriait, me piétinait,
Pour faire des distances
Afin d'aller apporter la salutaire parole
A ceux qui en avaient faim et soif,
Alors que j'en avais aussi faim et soif,
Mais qu'on a jugé qu'elle ne me seyait pas.
Si l'attitude de ces hypocrites « maîtres »
Rappelle la parole du Maître,
La finalité du moins reste différente :
Jésus testait la foi de ceux qui l'approchaient,
Or les profs en grève ségréguaient.
Mais quel gigantesque trou noir pourtant
Dans l'apparente logique d'un d'entre eux !
Mais quel regard entaché de gros préjugés
Jette-t-on en France sur le noir
Qui ne peut être qu'homme de rien,
Enfermé selon une tradition anthropohistorique
Dans la sphère de la chose-animal-homme ?
On est loin certes du racisme primaire,
C'est de la ségrégation socio-raciale :
Un noir chez le peuple des lumières
N'est jugé que sur l'apparence extérieure.
Mais il vaut mieux juger les gens sur leur verbe
Que sur leur apparence qui souvent trompe.
Parlez, et je vous dirai qui vous êtes ;
Je n'ai que faire de la peau
Dont vous êtes somptueusement couvert.

Le sang d'un cœur

Mon cœur a plus d'une fois saigné
Du trop plein de l'urne
Qui contenait la substance de mon âme.
Il a saigné de trop donner
Quand il n'en a reçu que peu.
Le poignard de la parcimonie
Des cœurs et des mains qui comptent
A mille fois remué dans ma vie
Sa lame criminelle.
Et pourtant mon cœur a brûlé
De mille feux incandescents,
Et pourtant mille volcans
Ont vomi mille milliards de larves
A la croche dans ce foyer
Qui n'a jamais produit
De toute son existence
Que roses et douceurs extrêmes.
C'est que je ne suis pas fait
Pour connaître du bonheur
Les plus intenses moments.

Troisième partie

Le poète : Peter W. Vakunta

Peter Wuteh Vakunta est né en 1962 à Bamunka-Ndop dans le département de Ngoketunjia au Cameroun. Après des études universitaires dans son pays natal, il a poursuivi des études professionnelles au Nigéria, en France et en Afrique du sud. De retour au Cameroun, il a travaillé comme traducteur principal à la Présidence de la République (1991-1996) avant de s'exiler aux Etats Unis d'Amérique. Titulaire d'un PhD en littératures françaises et francophones, Vakunta est l'auteur de plusieurs essais, contes, recueils de poésies et d'un roman. Il a reçu le Prix Littéraire Fay Goldie (2000), ainsi que le Grand Prix de la poésie internationale décerné par le *International Library of Poetry* aux Etats Unis (2003) pour sa contribution à l'écriture engagée à l'échelle mondiale. Vakunta parle couramment cinq langues et écrit dans quatre à savoir l'anglais, le français, l'haoussa et le pidgin camerounais. Actuellement, il enseigne l'anglais, l'haoussa et la langue et littérature françaises et francophones à l'Université de Wisconsin-Madison aux Etats Unis. Il est marié et père de cinq enfants. Quand il n'est pas en train d'écrire Vakunta écoute et danse à la mélodie de la musique *makossa* et *mangambeu* du berceau.

Travailleur immigré

J'avais songé à me tirer
Du pays natal il y a belle lurette.
J'en avais ras le bol du chômage
Et des tracasseries policières.
Plusieurs de mes potes
Avaient déjà pris la poudre d'escampette.
Ils avaient de la veine!

Je rêvais à trouver un coin peinard
Chez l'Oncle Sam.
Il faut rêver à des jours meilleurs.
J'étais émerveillé de voir
Qu'on pouvait y vivre sans gêne.
Tout en envoyant de la galette à
Ses vieux au berceau chaque mois.
Où- il y a de la gêne, il n'y a pas de plaisir !

J'ai fait les formalités.
J'ai pris l'avion à l'aéroport de Nsimaleng[1] tout seul.
Ma nana et mes gosses devaient
Me rejoindre quand j'aurais
Trouvé du boulot et une piaule.
J'étais heureux de pouvoir
M'embarquer vers le pays de mes rêves.

J'ai débarqué à New York
Par un temps de chien.
Il flottait partout.

---

1. Aéroport international au Cameroun.

99

J'avais une minable somme
De 500 balles en poche.
Le lendemain je me suis embarqué
Dans un *greyhound*[2] pour Appleton,
Mon lieu de résidence.

Au début je couchais à même le sol.
Je n'avais ni lit ni drap.
Après une éternité ma femme,
S'est ramenée avec les gosses.
On s'est installé dans un appartement cool.
Matériellement notre vie est vachement mieux,
On bouffe lorsqu'on a la fringale.

Putain !
Moralement, l'Oncle Sam c'est l'Enfer!
A l'école, mes enfants sont
Traités de sales petits 'nègres'.
Au quartier, nous sommes
Des 'chiens de parents'.
C'est fait chier la vie d'un travailleur immigré!

---

2. Bus interurbain américain

A l'école des gaulois

Je n'oublierai jamais
Ma première classe de français!
Je suis arrivé tôt dans la classe.
J'y suis entré et j'ai attendu debout
Le début des cours avec les autres.

J'étais fort nerveux
Le professeur, mince comme une baguette,
S'est mis à nous asseoir par ordre alphabétique.
Il m'a appelé en dernier lieu,
Levant ses yeux d'oiseau sur moi,
Et j'ai trouvé ma place.

A ce moment-là,
J'ai jeté un coup d'œil sur
Une camarade métisse avec qui j'allais
Partager le banc pendant toute l'année.
Et mon cœur a commencé à
Battre plus vite que d'habitude.

Crise identitaire

Je ne sais pas au juste qui je suis.
D'autres m'appellent Frog[1].
Je ne sais toujours pas qui je suis.
Mon nom c'est le Bamenda
Mon nom c'est l'ennemi dans la maison.
Mon nom c'est le Biafrais[2]
Mon nom c'est le citoyen de deuxième classe
Mon nom c'est l'enfant terrible de la famille.
Taisez-vous!
Ne m'embêtez pas!
Vous ne savez pas que je suis ici chez moi?
Vous ignorez que je suis né ici.
Ecoutez, je me battrai jusqu'à la dernière
Goutte de mon sang
Afin de forger un nom pour moi-même.
Vous m'appellerez Anglofrog!
Vous m'appellerez Franglo!

Taisez-vous!
Ne me dérangez pas!
Vous ignorez que je suis fils du terroir ?
Vous ne savez pas que je suis ici au berceau ?
Je me battrai jusqu'au dernier souffle
Pour façonner une véritable langue pour moi-même!
Je parlerai français,
Tu parleras English,
C'est-à-dire qu'ensemble,
Nous parlerons le Camerounais[3]
Parce qu'ici nous sommes tous chez nous,
A bon entendeur salut!

---

1. Appellation péjorative désignant les Francophones au Cameroun.
2. Nom péjoratif pour les Anglophones au Cameroun.
3. Référence à l'œuvre de Mercédès Fouda intitulée *Je parle camerounais: pour un renouveau* (Paris: Karthala, 2001).

Afritude

Un tigre ne proclame pas sa tigritude[1],
Il saute sur sa proie.
Moi, je n'ai point besoin d'hurler
Afin de manifester mon Afritude[2].
Je suis Africain!
Un tigre ne rugit pas
Pour faire preuve de sa tigritude,
Moi, je n'ai pas besoin de crier
Pour faire preuve de mon Afritude.
Je suis bien Africain!
Noir et fier!

Un tigre qui proclame sa tigritude,
Est un faux tigre.
Moi, je n'ai pas besoin
De négocier mon Afritude.
Je suis tout à fait Africain!

Un lion mugit pour rappeler
À tout le monde qu'il est roi de la jungle.
Moi, je n'ai pas besoin de crier à tue tête
Pour faire montre de mon Afritude.
Je suis sans aucun doute Africain!
Fils du terroir!

Un éléphant barrit pour montrer
Qu'il est le djintété[3] du royaume;
Moi, je n'ai guère besoin de gronder
Pour faire preuve de mon Afritude.
Je suis bien Africain!

---

1. Le fait d'être tigre.
2. Le fait d'être Africain.
3. Patron; le plus fort

Un chien aboie pour
Manifester sa colère;
Moi, je n'ai pas besoin d'hurler
Afin de montrer mon Afritude
Je suis bien Africain!
Même les aveugles pourraient en témoigner.

Les Damnés de cette Terre[1]

Ils sont abandonnés
A leur triste sort,
Les damnés de cette terre.
Quel sort réserve-t-on
Aux handicapés de ce monde?
Ceux qui n'ont ni main ni pied?
On les laisse se débrouiller!

Ils sont abandonnés
A leur malheureux sort,
Les déshérités de ce monde:
Ceux qui n'ont ni propriété ni argent.
On les laisse se défendre!

Ils sont abandonnés
A leur horrible sort,
Les affamés de cette terre:
Ceux qui ne mangent guère à leur faim.
On les laisse se débrouiller!

Ils sont abandonnés
A leur insupportable sort,
Les sans-abris de ce monde:
Ceux qui dorment dans des cartons à la rue.
On les laisse se débrouiller!

---

1. Référence à l'œuvre de Frantz Fanon intitulée *Les damnés de la terre* (Paris: François Maspero, 1968)

Ils sont abandonnés
A leur incroyable sort,
Les orphelins de cette terre:
Ceux qui n'ont ni père ni mère.
On les laisse se débrouiller!

Ils sont abandonnés
A leur impensable sort,
Les maladifs de ce monde:
Ceux qui sont en mauvaise santé.
On les laisse souffrir en douleur!

Ils sont abandonnés
A leur terrible sort,
Les opprimés de cette terre:
Ceux qui sont victimes de l'injustice sociale,
On les laisse supporter le poids du manque de justice !

Vraiment,
La terre-ci est épouvantable,
Vivons en cachette!

Mission Civilisatrice

Nous sommes blancs et puissants;
Vous êtes ni blancs ni forts.
Vous vous en rendez compte?

Nous sommes bien civilisés;
Vous êtes sauvages et analphabètes.
Vous vous en rendez compte?
Joseph Conrad vous l'avez dit à maintes reprises[1] !

Votre monde est une table rase,
Sans connaissance ni mœurs.
Le savez-vous ?

Nous sommes des envoyés spéciaux de Dieu,
Chargés de la mission sacrée de
Civiliser votre monde ténébreux.
Vous vous en rendez compte?

N'allez pas vous imaginer que nous sommes des
Magouilleurs ou quelque chose de ce genre.
Non et non!
Notre mission est tout à fait bénévole.

On se fiche de vos gisements pétrolifères!
On s'en fout de vos mines d'or!
On se moque de vos ressources minérales!
Parce que ça n'a rien à foutre avec notre mission
civilisatrice!
La mission est bien désintéressée.
J'espère que vous mettrez ça dans vos têtes de pierre!

---

1. Référence au roman de Joseph Conrad intitulé *Au Cœur des ténèbres* (Englewood
   Cliff, N.J., Prentice-Hall, 1960)

J'avais un rêve

Evidemment,
Tout le monde se fait des
Illusions dans la vie.
On ne sait jamais ce qui va se passer.
On n'est jamais sûr de rien.

J'avais un copain qui
Songeait à devenir prêtre.
Aujourd'hui, il est trafiquant de drogues en Colombie.
Il ne croît plus en Dieu.
On ne sait jamais ce qui va se passer.
On n'est jamais sûr de rien.
J'avais une nana qui
Voulait prendre le voile.
Aujourd'hui, elle travaille
Dans une maison close à Douala.
On ne sait jamais ce qui va se passer.
On n'est jamais sûr de rien.

J'avais un cousin qui
Pensait au travail du magistrat.
Aujourd'hui, il est conducteur de *bendskin*[1] à Bafoussam.
On ne sait jamais ce qui va se passer.
On n'est jamais sûr de rien.

J'avais un neveu qui
Voulait être docteur en médecine.
Aujourd'hui il est au Centre Jamot[2] de Yaoundé

---

1. Conducteur du taxi -moto
2. Hôpital pour les malades mentaux.

108

On ne sait jamais ce qui va se passer.
On n'est jamais sûr de rien.

Vous savez ce que je voulais être, moi,
Quand j'étais petit?
Je voulais être diplomate.
Aujourd'hui, je suis professeur.
On ne sait jamais ce qui va se passer.
On n'est jamais sûr de rien.

A mon avis,
Vivre c'est se faire des illusions.
On n'est jamais sûr de rien.
On ne sait jamais comment les choses vont tourner.

Les fous de Dieu

Maints sont ceux
Qui commettent des actes
Indignes au nom de Dieu !
Sans doute, descendront-ils tout droit aux enfers!

Nombreux sont ceux
Qui commettent des infamies
Au nom de Dieu!
Bien sûr, ils iront directement chez Satan!

Plusieurs sont ceux
Qui incendient des lieux
De culte au nom de Dieu !
Certainement, ils brûleront aux feux sataniques!

Maintes sont celles
Qui mentent au nom de Dieu !
Sûrement, elles partiront chez Lucifer!

Beaucoup sont ceux
Qui tuent au nom de Dieu !
Elles iront rencontrer Belzébul!

Tenez,
Au commencement
Dieu créa l'homme à son image
Il lui souffla la vie.
Nul n'a le droit d'arracher
La vie à quiconque !
Quiconque a tué sera jugé.
Il faut aimer son semblable.

Châteaux en Espagne

Je rêve, donc je suis.
Vivre c'est rêver.
Dis donc, de quoi rêve-je?
De maintes choses—
Avoir un métier lucratif.

Je rêve, donc je vis.
Vivre c'est pouvoir rêver.
De quoi rêve-je, donc?
Des milliers de choses—
Avoir une famille bien encadrée.

Je rêve, donc je suis en forme.
Je rêve à plusieurs reprises.
Mais de quoi rêve-je, donc?
D'innombrables choses—
Avoir une progéniture bien éduquée.

Je rêve, donc je respire.
Rêver c'est s'interroger sur l'avenir.
Mais de quoi rêve-je, donc?
De mille et un projets—
Se faire une niche dans les belles lettres.

Je rêve toujours.
Rêver c'est naître à nouveau.
Dis donc, de quoi rêve-je?
De plusieurs choses—
Pouvoir faire un legs à la postérité.

Je rêve sans cesse,
Martin, midi et soir.
Mais de quoi rêve-je?
De tant de choses.
Rêver c'est bâtir
Des châteaux en Espagne.

Faux-semblants

Il ne se passe aucun jour
Sans que je me pose la question
A savoir où va le monde ?
Pourquoi l'être humain
Aime-t-il des propos contournés
A quoi servent ces détours dans la vie ?
Est-ce c'est la peur d'indisposer autrui?
 S'agit-il de l'hypocrisie pure et simple?
Je me le demande.

J'ai horreur du mensonge.
Je déteste la façade.
Je n'ose pas y aller par quatre chemins.
A mon sens, il n'y a pas
De pire péché que l'ivraie.
J'appelle un chat un chat.
Quitte à être cloué au pilori.

World Trade Center

Avez-vous déjà oublié?
Souvenez-vous encore de ce qui s'est passé
Le 11 septembre 2001 aux Etats Unis d'Amérique?
Moi, je n'oublierai jamais
L'insolite du 11 septembre !

Souvenez-vous du jour de l'attaque terroriste contre
Les tours jumelles du World Trade Center à New York ?
Et contre les locaux du Pentagone ?
L'avez-vous déjà oublié?
Les choses comme ça ne s'oublient pas!
Cette attaque fit témoignage
De la présence des malfaiteurs parmi nous.

Les Etats Unis en sont sortis meurtris.
Mais pas handicapés.
Nous sommes une nation de croyants.
Il est écrit dans Psaumes 1:
Oui, l'Eternel est un refuge pour
Les pauvres, les opprimés,
Un lieu fort en temps de détresse.
Célébrez par des chants l'Eternel,
Le roi de Sion,
Et proclamez parmi les peuples ses hauts faits.
Car il poursuit les meurtriers
Et se souvient de leurs victimes.

La vie et demie

La vie n'est pas juste,
Me dites-vous ?
Avez-vous perdu un emploi doré?
C'est bien grave,
Mais ça n'est pas la fin du monde.
La vie continue !

Avez-vous échoué à un examen important?
C'est bien pénible,
Mais ça n'est pas la fin du monde.
C'est la vie!

Votre époux est pris au piège d'une femme adultère?
C'est regrettable,
Mais ça n'est pas la fin du monde.
La vie continue!

Votre épouse vous a plaqué?
C'est impensable,
Mais ça n'est pas la fin de votre vie.
La lutte vie !

Votre fiancé s'est débarrassé de vous?
C'est insupportable,
Mais ça n'est pas la terre ne cessera pas de tourner,
C'est la vie!

Votre entreprise a fait faillite?
C'est terrible,
Mais ça n'est pas la fin du monde.

Le combat continue !
Votre candidat préféré a raté le vote?
C'est fort décevant,
Mais ça n'est pas la fin du monde.
La vie continue!

Vous savez?
On n'est jamais sûr de rien.
On ne sait jamais à quoi s'attendre avec la vie.
Elle est imprévisible.
On ne sait jamais comment les choses
Vont tourner mais la vie continue.

La vie

La vie c'est un mystère
C'est un mystère difficile à déchiffrer.
Vivre c'est comme marcher en montagne.
La vie est un éternel recommencement,
Car nous vivons dans un monde
En perpétuel devenir.

La vie c'est comme une pièce de théâtre
Où chaque personnage a son rôle à jouer.
Elle commence au berceau
Et se termine dans le tombeau.
Vivre c'est comme monter les marches d'escalier
De la première jusqu'à la dernière.
Manquer une marche,
C'est fleurer la catastrophe.

La vie c'est un trajet,
Nécessité faisant loi,
Il faut marcher la main dans la main.
Pour réussir dans la vie,
Il faut de la coopération.
Nul ne peut se passer de son voisin.

La vie est pleine de nids-de-poule.
Elle est bourrée de surprises.
Avez- vous jamais joué un jeu des mots croisés?
Et ben, c'est ça la vie!

Offrandes aux ancêtres

Chez nous,
Les morts ne sont pas morts.[1]
Ils vivent parmi nous.

Ecoutez les souffles de nos morts
Ils veillent sur nous nuit et jour.
C'est la raison pour laquelle
Nous versons la libation
Pour les nourrir.

Chez nous,
Les morts ne sont pas point morts.
Ils sont parmi nous bien vivants.

C'est la raison pour laquelle
Nous évoquons les mânes de nos
Ancêtres au moment propice.
Ce n'est pas un fait du hasard.

Chez nous,
Les morts ne sont ni
Fantômes ni revenants.
Non, c'est nos anges gardiens.
C'est pourquoi nous leurs offrons
Du vin de palme et du poisson fumé en sacrifice.
 Il s'agit des offrandes aux ancêtres.

---

1. Référence au poème du Birgo Diop intitulé «souffles» publié dans son recueil poétique, *Leurres et Lueurs*, Paris: Présence Africaine, 1967.

Maraboutage

Dis grand-père,
Qu'est-ce qui est arrivé à notre frère?
Pourquoi est-il mort sans cause?
Tu l'as vendu au *famla*,[1] n'est-ce pas?
Nous voulons savoir la vérité,
Et rien que la vérité!

Dis grand-mère,
Qu'est-ce qui est arrivé à notre sœur?
Pourquoi est-elle morte brusquement?
N'est-ce pas, tu l'as vendue chez les *essingan*[2]?
Nous voulons savoir la vérité,
Et rien que la vérité!

Dis tante,
Qu'est-ce qui est arrivé à notre cousin?
Pour est-il mort subitement?
Tu l'as vendu chez les *nyongo*[3], n'est-ce pas?
Nous voulons savoir la vérité,
Et rien que la vérité.

Dis oncle,
Qu'est-ce qui s'est passé?
Pourquoi est-ce que notre nièce est morte
Sans être malade?
Tu l'as vendue chez les *jujus*[4], n'est-ce pas?
Nous finirons par savoir la vérité!
Aujourd'hui, c'est aujourd'hui!
Man no run ![5]

---

1. Société occulte bamiléké au Cameroun.
2. Société occulte beti au Cameroun.
3. Société sorcière au Cameroun.
4. Société sorcière au Cameroun
5. Que personne ne se sauve!

Métissge

Je suis un bâtard
A califourchon entre la civilisation africaine
Et la culture occidentale.

Bâtardises et Bâtardises !
Je suis un croisé du monde noir
Et du monde blanc.

Bâtardises et Bâtardises !
Je suis un vrai bâtard,
Hybride de l'école occidentale
Et l'école traditionnelle africaine.

Effectivement,
Je suis un bâtard,
Métis à cheval entre l'Afrique et L'Europe.

Bâtardises et Bâtardises !
Je suis un castrat tiraillé entre
Mes racines africaines et mon
Identité empruntée.

Je suis indubitablement un bâtard,
Fidèle à la fois à ma connaissance
Scientifique et à mes croyances occultes.

Nonobstant,
Je sais bien où me donner
De la tête au bon moment.
Ma foi, je suis à l'aise dans mon assiette!

Hommes pas comme les autres

Frederick Douglas[1] fut
Pour les esclaves américains ce
Que Toussaint Louverture fut
Pour les esclaves noirs
De Saint Dominique,
Champion de la liberté!

En 1791, les esclaves
De Saint Domingue entrèrent
En rébellion contre leurs
Maîtres français sous
L'égide de Toussaint Louverture,
Un fin stratège.

Avec l'émancipation des esclaves,
Toussaint devint le chef de l'île.
Il organisa le pays
Et réussit à obtenir
L'indépendance de Saint Domingue.

Saint-Domingue devint
Une nation indépendante en 1804,
A la suite du décès de Toussaint.
Le nouveau pays prit le nom d'Haïti.

---

1. Frederick Douglas, noir américain fut né le 14 février 1848. Fervent croyant en l'égalité des races, il lutta pour la libération des esclaves américains.